„Made in China“
als geographische Herkunftsangabe

Europäische Hochschulschriften Recht

European University Studies in Law

Publications Universitaires Européennes de Droit

Band/Volume 6219

Xinming Chen

„Made in China" als geographische Herkunftsangabe

Möglichkeiten und Grenzen des Aufstiegs im Rahmen des deutschen Kennzeichenschutzes

PETER LANG

Bibliografische Information der Deutschen Nationalbibliothek
Die Deutsche Nationalbibliothek verzeichnet diese Publikation in der Deutschen Nationalbibliografie; detaillierte bibliografische Daten sind im Internet über http://dnb.d-nb.de abrufbar.

Zugl.: Freiburg (Breisgau), Univ., Diss., 2020

D 25
ISSN 0531-7312
ISBN 978-3-631-83625-5 (Print)
E-ISBN 978-3-631-84190-7 (E-PDF)
E-ISBN 978-3-631-84191-4 (EPUB)
E-ISBN 978-3-631-84192-1 (MOBI)
DOI 10.3726/b17844

Diese Publikation wurde begutachtet.

www.peterlang.com

Vorwort

Die vorliegende Arbeit wurde im Sommersemester 2020 von der Rechtswissenschaftlichen Fakultät der Albert-Ludwigs-Universität Freiburg als Dissertation angenommen. Literatur und Rechtsprechung wurden bis April 2020 berücksichtigt.

Frau Professorin Dr. *Yuanshi Bu*, LL.M. (Harvard) gilt mein ganz herzlicher Dank für Ihre engagierte Betreuung und Unterstützung. Ihre wertvollen Vorschläge und konstruktive Kritik haben die Fertigstellung dieser Arbeit ermöglicht.

Herrn Professor Dr. *Maximilian Haedicke*, LL.M. (Georgetown) danke ich herzlich für die zügige Erstellung des Zweitgutachtens.

Diese Arbeit ist zugleich der Abschluss meiner langjährigen juristischen Ausbildung in Deutschland. Auf diesem langen und steinigen Weg durfte ich Unterstützung von vielen Menschen erfahren, insbesondere von Prof. Dr. Dr. h. c. mult. *Horst Sund* und Professor Dr. Dr. h.c. *Martin Ibler* an der Universität Konstanz. Ihnen gebührt mein besonderer Dank für die schönen und lehrreichen Zeiten am Bodensee.

Schließlich danke ich von Herzen meinen Eltern und meiner Ehefrau. Sie stehen mir in jeder erdenklichen Situation mit ihrem bedingungslosen Rückhalt zur Seite. Ihnen ist diese Arbeit gewidmet.

Düsseldorf, im November 2020 — Xinming Chen

Inhaltsverzeichnis

Abkürzungsverzeichnis

a.A.	andere Ansicht
ABl.	Amtsblatt
Abs.	Absatz
AEUV	Vertrag über die Arbeitsweise der Europäischen Union
Anm.	Anmerkung
Art.	Artikel
Az.	Aktenzeichen
BeckRS	Beck-Rechtsprechung
Begr.	Begründer
BGB	Bürgerliches Gesetzbuch
BGBl.	Bundesgesetzesblatt
BGH	Bundesgerichtshof
BlPMZ	Blatt für Patent-, Muster- und Zeichenwesen
BPatG	Bundespatentgericht
BT-Drs.	Bundestagsdrucksache
BVerfG	Bundesverfassungsgericht
bzw.	beziehungsweise
CoOL	Country of Origin Labeling
DelVO	Delegierte Verordnung
der.	derselbe
dies.	dieselbe
DGQ	Deutsche Gesellschaft für Qualität
DPMA	Deutsche Patent- und Markenamt
DVO	Durchführungsverordnung
EG	Europäische Gemeinschaft
Einl.	Einleitung
EU	Europäische Union
EuGH	Europäischer Gerichtshof
EUIPO	European Union Intellectual Property Office
EUV	Vertrag über die Europäische Union
e.V.	eingetragener Verein
EWG	Europäische Wirtschaftsgemeinschaft
ff.	folgende

Fn.	Fußnote
ggf.	gegebenenfalls
GmbH	Gesellschaft mit beschränkter Haftung
Hrsg.	Herausgeber
IHK	Industrie- und Handelskammer
jurisPR-WettbR	juris PraxisReport Wettbewerbs- und Immaterialgüterrecht
JZ	JuristenZeitung
KN	Kombinierte Nomenklatur
LG	Landgericht
lit.	littera
LMIV	Lebensmittelinformationsverordnung
MarkenG	Markengesetz
MarkenR	Zeitschrift für deutsches, europäisches und internationales Kennzeichenrecht
MittdtschParAnw	Mitteilungen der deutschen Patentanwälte
NJW	Neue Juristische Wochenzeitung
NJW-RR	Neue Juristische Wochenzeitung – Rechtsprechungs-Report
Nr.	Nummer
GbR	Gesellschaft bürgerlichen Rechts
GRUR	Gewerblicher Rechtsschutz und Urheberrecht
GRUR Int	Gewerblicher Rechtsschutz und Urheberrecht International
GRUR-Prax	Gewerblicher Rechtsschutz und Urheberrecht International, Praxis im Immaterialgüter- und Wettbewerbsrecht
OECD	Organisation für wirtschaftliche Zusammenarbeit und Entwicklung
OHG	Offene Handelsgesellschaft
OLG	Oberlandesgericht
PVÜ	Pariser Verbandsübereinkunft
RAL	Reichs-Ausschuss für Lieferbedingungen
Rn.	Randnummer
S.	Seite
SolingenV	Solingenverordnung
TRIPS	Agreement on Trade-Related Aspects of Intellectual Property Rights

u.a.	und andere
u.ä.	und ähnlich
usw.	und so weiter
UWG	Gesetz gegen den unlauteren Wettbewerb
UZK	Unionszollkodex
v.	von
vgl.	vergleiche
VO	Verordnung
Vorb	Vorbemerkungen
WRP	Wettbewerb in Recht und Praxis
WTO	World Trade Organisation
z.B.	zum Beispiel
ZFP	Zeitschrift für Politik
ZfPW	Zeitschrift für die gesamte Privatrechtswissenschaft
ZK	Zollkodex
ZLR	Zeitschrift für das gesamte Lebensmittelrecht

1. Teil: Einführung und Problemaufriss

A. Umstrittenes Image von „Made in China"

„Andererseits haben wir einen kaputten Mixer, eine klemmende Küchenschublade und einen Fernseher, der immer mehr seinen Geist aufgibt, alles Probleme, die chinesische Lösungen zu erfordern scheinen. Wir brühen unseren Kaffee allmorgendlich immer noch per Hand, weil wir keine Kaffeemaschine haben, und wenn wir den Boykott nicht aufgeben, werden wir vielleicht nie mehr eine haben. Eine Menge kleiner Dinge im Leben kommt aus China: Geburtstagskerzen, Wasserpistolen, Lichtschwerter. Dies sind kleine, irrelevante Dinge, die nicht wirklich als wichtig bezeichnet werden können, aber ich bin nicht sicher, ob ich mein ganzes Leben ohne sie auskommen will. Das letzte Mausegenick für dieses Jahr wurde am 26. Dezember zerschmettert. Ich bin bereit, zur Fangen-und-Freilassen-Methode zurückzukehren. Dafür braucht man eine humane Mausefalle, und humane Mausefallen sind Made in China."[1]

Die Erkenntnisse einer amerikanischen Journalistin aus dem Experiment, ein Jahr auf chinesische Produkte zu verzichten, verdeutlichen in zugespitzter Weise deren Verbreitung und hohe praktische Relevanz für das alltägliche Leben jedes Verbrauchers. Seit der wirtschaftlichen Öffnungspolitik Ende der 1970er Jahren hat sich die Volksrepublik innerhalb von 40 Jahren zu der zweitgrößten Volkswirtschaft der Welt und außerdem zum Exportweltmeister entwickelt. Mit dem enorm gestiegenen Anteil am internationalen Außenhandel ist China zu einer globalen Wirtschaftsmacht geworden.[2] Mit seinem exportorientierten Wirtschaftsmodell versorgt China als „Werkbank der Welt" Verbraucher aller Länder mit Produkten unterschiedlichster Art. Wer sich nicht wie im oben genannten Beispiel zu einem solchen extremen Experiment bereit erklären will, hat, sei es bewusst oder unbewusst, den Umgang mit chinesischen Erzeugnissen schlicht auf seinem Tagesprogramm.

Jedoch ist das „Made in China" – Image nach wie vor hoch umstritten und von Beschwerden über die Minderqualität oder Vorwürfen des Plagiats überschattet. China gilt seit langem als reiner Produktionsstandort und der Erfolg von „Made in China" in den letzten Dekaden beruht im Wesentlichen auf Herstellung von einfachen Produkten.[3] Der Sinngehalt von „Made in China"

---

1 *Bongiorni*, Ein Jahr leben ohne „Made in China", S. 241.
2 *Schüller*, in: Länderbericht China, S. 739, 740 (748).
3 *Zhang*, DIW-Wochenbericht Band 74, Nr. 27/28.

beschränkt sich in der Regel auf eine bloße Angabe des Herkunftslands, ohne dass irgendeine Qualitätsaussage damit verbunden wird. Die chinesische Fälschungsindustrie ist quasi ein fester Bestandteil der Volkswirtschaft und aufgrund der liberalen Handelsgesetzgebung nach WTO-Beitritt extrem exportorientiert.[4] Laut einer Studie von OECD und EUIPO stammten mehr als 80 Prozent der von Zollämtern der EU beschlagnahmten Fälschungen in den Jahren 2011 bis 2013 aus China (inklusiv Hong Kong).[5] Besonders anfällig waren dabei Luxusgüter wie Uhren, Parfüme oder Lederwaren. Auch gängige Produkte wie Spielzeuge oder Maschinen waren stark betroffen.[6] Ein ähnliches Ergebnis enthält ein Bericht der Europäischen Kommission über die Verletzung geistigen Eigentums durch Drittstaaten.[7]

Dieses belastete Image spiegelt sich auch in den Meinungen der Verbraucher über die chinesischen Produkte wider:

Nach einer von Statista GmbH im Jahr 2017 durchgeführten Umfrage zur Bedeutung von Herkunftsländern – „Made-In-Country-Index" – belegt China im Ranking von insgesamt 50 untersuchten Ländern/Regionen lediglich den vorletzten Platz, während Deutschland das Ranking führt.[8] Gegenstände der Umfrage, bei der 43.034 Befragte aus 52 Ländern teilgenommen haben, sind die verschiedenen wahrgenommenen Produkteigenschaften wie Qualität, Sicherheitsstandards, Preis-Leistung, Design, fortschrittliche Technik, Authentizität, Nachhaltigkeit, faire Produktion und Statussymbol.[9] Lediglich beim Preis-/Leistungsverhältnis liegt die Beurteilung der Befragten über chinesische Produkte über dem durchschnittlichen Niveau. Bei den anderen Beurteilungskriterien haben chinesische Produkte eine deutlich unterdurchschnittliche Bewertung von den Befragten erhalten. Nur 7% der Befragten verbinden chinesische Produkte mit hoher Qualität. Bei Sicherheitsstandards sind es nur 4%.[10] Spezifisch unter den Befragten aus Deutschland gaben lediglich 10 Prozent an, Produkte aus China als „etwas positiv" oder als „sehr positiv" zu empfinden.[11]

4 *Winkler/Wang*, Made in China: Marken- und Produktpiraterie, S. 71.
5 OECD/EUIPO, Trade in Counterfeit and Pirated Goods, S. 51.
6 OECD/EUIPO, Trade in Counterfeit and Pirated Goods, S. 49.
7 Europäische Kommission, Commission Staff Working Document, SWD (2018) 47 final, S. 6.
8 Statista, Wie nehmen Sie Produkte wahr, auf denen steht ‚Made in …'?
9 Vgl. Statista, Welche Eigenschaften verbinden Sie mit Produkten aus Deutschland?
10 Siehe Statista, Welche Eigenschaften verbinden Sie mit Produkten aus China?
11 Statista, Wahrnehmung von Produkten aus China in ausgewählten Ländern im Jahr 2017.

Auch in anderen traditionellen Industriestaaten werden die chinesischen Produkte vergleichbar schlecht wahrgenommen. Hingegen bescheinigten die Befragten aus China den Produkten aus ihrem eigenen Land einen exzellenten Ruf: Die Quote beträgt dabei 80%.[12] Das Imageproblem von „Made in China“ gilt also überwiegend als auslandsbezogen.

Eine andere repräsentative Verbraucherstudie von der Deutschen Gesellschaft für Qualität (DGQ) zeigt, dass zwar nur jeder zehnte deutsche Verbraucher den Kauf von Waren „Made in China“ generell ausschließt. Andererseits geben nur 4 Prozent der 1.010 befragten Personen eine positive Meinung über chinesische Erzeugnisse ab. Als Gründe für diese schlechte Bewertung wurden u.a. Plagiate, Qualitätsmängel, schlechte Arbeitsbedingungen, niedrige Löhne oder allgemein geringes Vertrauen angegeben.[13]

Auch die Fälle in der Rechtsprechung zeigen, dass die chinesische Produktherkunft, soweit relevant für die Entscheidung, in einem negativen Kontext auftaucht: Beispielsweise wurde Importeuren von Produkten aus China wegen Mangelhaftigkeit chinesischer Waren besondere Untersuchungspflicht auferlegt.[14] Die Werbungen mit Streichpreisen für Produkte ohne Markenzugehörigkeit aus China konnten von Mitbewerber als „merkwürdig“, „fake“ oder „falsch“ gerügt werden, ohne dass wettbewerbsrechtliche Verstöße festgestellt wurden.[15] Ein TÜV-Siegel wurde für irreführend erklärt, weil die Überprüfung in einer TÜV-Niederlassung in China vorgenommen wurde.[16] Viele Rechtstreitigkeiten hinsichtlich der unzulässigen Verwendung von „Made in Germany“ haben ebenfalls einen Bezug zu China, weil die Produkte mit „Made in Germany“ gekennzeichnet werden, obwohl deren Herstellungsprozesse vollständig oder teilweise in China stattgefunden haben.[17]

Solche Fälle können freilich nicht so interpretiert werden, dass der chinesischen Herkunft rechtlich per se eine negative Bedeutung zukommt. Die vielfältigen Fallkonstellationen und unterschiedliche Kontexte ermöglichen keine einheitliche Aussage über „Made in China“. Zahlreiche Fälle deuten jedoch zumindest an, dass die chinesische Herkunft von den Verbrauchern häufig als

---

12 Statista, Wahrnehmung von Produkten aus China in ausgewählten Ländern im Jahr 2017.

13 DGQ, „Made in China“ – Qualität aus dem Reich der Mitte?

14 BGH, Urteil vom 28.03.2006 – VI ZR 46/05, NJW 2006, 1589; OLG Celle, Urteil vom 01.12.2005 – 8 U 100/05, NJW-RR 2006, 526.

15 LG Köln, Urteil vom 20.07.2016 – 28 O 448/15.

16 OLG Stuttgart, Urteil vom 17.07.2014 – 2 U 132/13, BeckRS 2016, 06082.

17 Vgl. die Zusammenfassung der Rechtsprechung unter 3. Teil C.

negatives Merkmal empfunden wird, so dass deren Kenntnisnahme den Verkauf nicht fördert und aus Sicht des Verkäufers nicht gewünscht ist.

Die weltweite Verbreitung von „Made in China“ ist sicherlich nicht zuletzt auf die enorme Exportmenge chinesischer Erzeugnisse zurückzuführen. Es ist nämlich in vielen Ländern der Welt eine Kennzeichnung des Herkunftslands, entweder für alle oder bestimmte importierten Produkte, verbindlich vorgeschrieben, so dass „Made in China“ häufig bereits zur Erfüllung solcher Verpflichtung auf die Produkte angebracht wird.[18] Eine solche Kennzeichnungspflicht besteht in Deutschland zwar grundsätzlich nicht.[19] Dennoch besitzt die Angabe des Herkunftslands eine große wirtschaftliche Bedeutung und zugleich eine hohe praktische Relevanz.[20] Auch gerichtlich ist darum mehrfach gestritten worden.[21]

B. Imagekampagne für „Made in China“

Während „Made in China“ von einem massiven Imageproblem geprägt ist, sind zunehmend von chinesischer Seite die Bestrebungen zu beobachten, die Fertigungsindustrie des Landes zu reformieren und „Made in China“ von der negativen Assoziation mit Massenproduktion von Billigwaren zu befreien. Vor dem Hintergrund, dass die arbeitsintensive Exportwirtschaft des Landes langsam an ihre Grenzen stößt und allmählich ihre Antriebskraft für das BIP-Wachstum verliert,[22] will die chinesische Wirtschaft von der „Werkbank der Welt“ hin zu einem von technologischem Fortschritt getriebenen Wirtschaftsmodell übergehen.[23] Insbesondere der im Jahr 2015 erlassene strategische Plan der chinesischen Regierung „Made in China 2025“ zeigt das große politische Interesse des chinesischen Staates an der weltweiten Imagekampagne. Mit dem Plan macht China es zum Ziel, sich von dem arbeitsintensiven Wirtschaftsmodell zu verabschieden und seine Fertigungsindustrie noch in der ersten Hälfte

18 An sich darf das „Made in“ – Kennzeichnen nicht mit dem zollrechtlichen Ursprung gleichgesetzt werden. Allerdings kommt dem ersteren eine gewisse Indizwirkung für den Letzteren zu, vgl. *Felderhoff*, Der Ursprung als Grundlage handelspolitischer Maßnahmen, S. 74; Vgl. ferner die Studie Ursprungskennzeichnung IHK Stuttgart, Ursprungskennzeichnung (CoOL) in 108 Drittländern.

19 Vgl. die Ausführungen unter 3. Teil B. I.

20 Vgl. die Ausführungen unter 3. Teil A.

21 Vgl. die Zusammenfassung der Rechtsprechung unter 3. Teil C. I. – II.

22 *Zenglein/Wübbeke*, Informationen zur politischen Bildung Nr. 337/2018, S. 64 (65).

23 *Zenglein/Wübbeke*, Informationen zur politischen Bildung Nr. 337/2018, S. 64 (67).

des Jahrhunderts auf weltführendes Niveau zu bringen.[24] China soll nicht nur die Werkbank der Welt sein, die im Auftrag westlicher Unternehmen lediglich den produzierenden Teil übernimmt. Stattdessen soll der Anteil der eigenen Wertschöpfung massiv steigern, um China zum Hightech-Produzenten zu entwickeln.[25] „Made in China“ soll dann nicht mehr für billige Massenware, sondern für Innovation, Qualität und Effizienz stehen.[26] Bei dieser neuen Initiative spielt der chinesische Staat eine zentrale Rolle.[27] Die chinesische Wirtschaft ist von einer starken Verbindung zwischen wirtschaftlichen und politischen Führungskräften gekennzeichnet.[28] Die staatliche Industriepolitik Chinas hat bereits beachtliche Erfolge in der Vergangenheit erzielt und wird in Zukunft weiterhin betrieben.[29] Der Erwerb von Kerntechnologie durch chinesische Unternehmen wird zum Teil vom Staat angetrieben.[30] Der Plan, der stark vom technischen Nationalismus in der Fertigungsindustrie[31] geprägt ist, spielt eine zentrale Rolle bei der Bestrebung der chinesischen Regierung zum Wiederaufleben der chinesischen Nation.[32] Auch wenn der Plan selbstverständlich nicht in einem markenrechtlichen Kontext zu verstehen ist, dürfte es aber kein Zufall sein, dass der bereits weltweit verbreitete Herkunftshinweis „Made in China“ seinen Eingang in den Titel des Plans gefunden hat. Im Prozess des wirtschaftlichen Aufstiegs Chinas soll der Kennzeichnung „Made in China“ über einen bloßen Hinweis auf das Herkunftsland hinaus gerade eine Symbolkraft zukommen, die die wirtschaftliche Stärke des Landes demonstriert.

Für die chinesische Wirtschaft stellt die geschichtliche Entwicklung von „Made in Germany“ ein Vorbild und zugleich einen Anreiz für die zukünftige Entwicklung dar. Heutzutage werden sowohl „Made in Germany“ als

---

24 *Wübbeke u.a.*, Made in China 2025, S. 11.

25 *Kreutzer*, Der Betriebswirt 2018 Nr. 3, S. 10. (Ralf T. Kreutzer, Herausforderung China, in Betriebswirt 2018 Nr. 3 S. 10.

26 *Wübbeke*, Die Kampfansage an Deutschland.

27 *Göbel*, in: Freimuth/Schädler, Chinas Innovationsstrategie in der globalen Wissensökonomie, S. 61 (70); Vgl. ferner European Union Chamber of Commerce in China, China Manufacturing 2025, S. 6, der den staatlichen Antrieb als den entscheidenden Unterschied des „Made in China 2025“ zu anderen europäischen Innovativinitiativen wie etwa „Industrie 4.0“ von Deutschland bezeichnet.

28 *ten Brink*, in: Länderbericht China, S. 681 (698 ff.).

29 Vgl. BT-Drs. 19/5800, S. 78 mit dem Beispiel der chinesischen Solarindustrie.

30 *Wübbeke u.a.*, Made in China 2025, S. 7.

31 *Wübbeke u.a.*, Made in China 2025, S. 12; *Huotari*, in: Informationen zur politischen Bildung Nr. 337/2018, S. 76 (80).

32 *Tian/Pan*, in: Sendler, Industrie 4.0 grenzenlos, S. 91.

auch „Made in China" häufig für die Kennzeichnung der Länderherkunft verwendet, obwohl die Aussagekraft der beiden Kennzeichen nicht ansatzweise miteinander vergleichbar ist. Allerdings wurde die Bezeichnung „Made in Germany" ursprünglich auch nicht als Qualitätsaussage eingesetzt. Diese war vielmehr Resultat einer Gegenaktion des britischen Gesetzgebers auf die minderqualitativen deutschen Importprodukte im 19. Jahrhundert. Damals verfügte Großbritannien über einen technischen und wirtschaftlichen Vorsprung gegenüber Deutschland, dessen Fabriken häufig nur Nachahmungen englischer Erzeugnisse produzierten und nicht deren Qualität erreichten.[33] Durch den sogenannten Merchandise Marks Act vom 23. August 1887 hat das britische Unterhaus angeordnet, dass ausländische Waren bei der Einfuhr in Großbritannien beschlagnahmt oder eingezogen werden können, wenn sie nicht mit einer Herkunftsangabe versehen werden.[34] Es wurde eine Art Importverbot mit Erlaubnisvorbehalt für ausländische Erzeugnisse geschaffen, die mit einer Warenbezeichnung versehen waren, die auch von britischen Gewerbetreibenden verwendet wurde.[35] Für die damals aus Deutschland stammenden Waren bedeutete diese Regelung praktisch eine Kennzeichnungspflicht mit dem Label „Made in Germany".[36] Dadurch sollte die britische Bevölkerung vor Täuschung über die Herkunft einer Ware geschützt[37] und ferner nach der Devise „Buy British" zur Vermeidung von deutschen Produkten angeregt werden.[38]

Es stellte sich später allerdings heraus, dass „Made in Germany" von den britischen Käufern immer mehr als Qualitätsgarantie empfunden wurde und umsatzfördernd wirkte, so dass man diese Bezeichnung im Lauf der Jahre nicht mehr zur Erfüllung der gesetzlichen Vorgabe, sondern zunehmend aus eigenen wirtschaftlichen Interessen nutzte.[39]

Heutzutage versuchen die chinesischen Produzenten, mit ihren Produkten auf ausländischen Märkten Fuß zu fassen. „Made in China" geht zwar nicht auf eine zwingende Kennzeichnungspflicht zurück. Hinsichtlich der zurzeit negativen Aussagekraft des Kennzeichens ist „Made in China" allerdings durchaus

---

33 *Wulf*, "Made in Germany", S. 4.

34 *Wulf*, "Made in Germany", S. 3.

35 *Kickler*, Die Geschichte des Schutzes geographischer Herkunftsangaben in Deutschland, S. 64.

36 Siehe hierzu *Dück*, „Made in Germany" zwischen Auslaufmodell und Gütesiegel, S. 7 (Fn. 6).

37 *Wulf*, "Made in Germany", S. 4; *Gründling*, GRUR 2007, 921 (921).

38 *Slopek/Napiorkowski*, WRP 2012, 426 (427).

39 *Kretschmer*, Markenartikel 1977, 21 (21).

mit „Made in Germany“ in seiner Vergangenheit vergleichbar. Die Tatsache, dass „Made in Germany“ sich im Lauf des letzten Jahrhunderts von einem diskriminierenden Zeichen zu einem weltweiten Qualitätssiegel entwickelt hat, gibt Anlass für die wirtschaftliche Fragestellung, ob sich die Geschichte von „Made in Germany“ bei „Made in China“ wiederholen kann.

C. „Made in China“ – Staatliche Herkunft als geographische Herkunftsangabe

Der Aufstiegsprozess von „Made in China“ gilt vor dem Hintergrund der exportorientierten Wirtschaft Chinas als überwiegend auslandsbezogen. Das wirtschaftliche und politische Bestreben der chinesischen Industrie, das Image von „Made in China“ auf dem ausländischen Markt zu verbessern und dem Etikett einen positiven Werbecharakter zu verleihen, ist aus Sicht des deutschen Markenrechts mit zahlreichen interessanten Fragestellungen verbunden, die bisher wenig erforscht sind. Ein „Made in“ – Label enthält auf dem ersten Blick nur einen bloßen Hinweis auf den Herkunftsort bzw. das Herkunftsland des gekennzeichneten Produkts. Dass es aber an der Herkunft eines Produktes ein wirtschaftlicher Wert und dementsprechend auch ein rechtliches Schutzbedürfnis bestehen kann, zeigt das Instrument der geographischen Herkunftsangaben, das heutzutage als fester Bestandteil im deutschen, europäischen und internationalen gewerblichen Rechtschutz verankert ist.[40] Das Kennzeichen „Made in Germany“, das Gegenstand von zahlreichen Gerichtsentscheidungen und rechtlichen Diskussionen ist,[41] ist ein Paradebeispiel dafür, dass die Bedeutung einer Angabe des Herkunftslands weit über deren örtlichen Hinweis hinausgehen kann. Freilich lassen sich heutzutage „Made in Germany“ und „Made in China“ weder hinsichtlich deren wirtschaftlichen Stellenwerts noch im Hinblick auf deren rechtlichen Interessenlagen miteinander vergleichen.[42] Das Erstere wird weltweit als Qualitätssiegel anerkannt und hat bereits im Inland ein enormes Rechtsschutzinteresse geweckt, während das Letztere zwar durchaus ein verbreitetes und bekanntes Zeichen in Deutschland ist, aber hinsichtlich des Rechtsschutzes noch keine praktische Relevanz besitzt.

---

40 Ausführlich dazu im 2. Teil.

41 Vgl. die Zusammenfassung der Rechtsprechung unter 3. Teil C. I. – II.

42 Vgl. die Ausführungen unter 3. Teil C. V.

Wenn „Made in China“ als geographische Herkunftsangabe betrachtet wird, dann treffen zwei Gegenstände aufeinander, die sich aktuell jeweils in einer sehr dynamischen Entwicklung befinden. Dass beim Image von „Made in China“ hinsichtlich des wirtschaftlichen Aufstiegs der Volksrepublik und der neuen strategischen Ausrichtung ihrer Fertigungsindustrie eine Wandlung stattfinden soll, wurde bereits oben erwähnt. Auch das Instrument von geographischen Herkunftsangaben befindet sich in einer Zeit des Umbruchs. Die geographischen Herkunftsangaben, denen Jahre lang von der deutschen Rechtsprechung in Übereinstimmung mit der herrschenden Literaturmeinung eine wettbewerbsrechtliche Natur zugesprochen wurde, werden nach der jüngsten Rechtsprechung des Bundesgerichtshofs nunmehr als gewerbliches Eigentum behandelt.[43] Sie werden nunmehr, im Einklang mit langjähriger Praxis auf der EU-Ebene, wie Marken und Patente als subjektive Rechte anerkannt, die unter einer kollektiven Inhaberschaft stehen.[44]

Bislang existiert keine wissenschaftliche Arbeit, die sich mit der Bedeutung von „Made in China“ in einem kennzeichenrechtlichen Kontext aus Sicht des deutschen Markenrechts auseinandersetzt.

D. Gang der Untersuchung

Vor diesem Hintergrund ist es Ziel der vorliegenden Arbeit, die geographische Herkunftsangabe „Made in China“ unter Berücksichtigung des chinesischen wirtschaftlichen Aufstiegs auf ihre Eigenschaft des gewerblichen Eigentums und subjektiven Rechts zu untersuchen, um ihren rechtlichen Handlungsspielraum und die damit verbundenen Entwicklungsmöglichkeiten unter der deutschen Rechtsordnung herauszuarbeiten. Der dogmatische Streit über die Rechtsnatur der geographischen Herkunftsangaben soll somit in der vorliegenden Arbeit nicht in aller Ausführlichkeit dargestellt werden. Vielmehr soll die kennzeichenrechtliche Zuordnung von den geographischen Herkunftsangaben, die sich im europäischen Schutzmodell längst durchgesetzt hat und nunmehr auch von der deutschen höchstrichterlichen Rechtsprechung übernommen wurde, als dogmatische Grundlage der Untersuchung dienen. Der Bereitstellung dieser dogmatischen Grundlage widmet sich der 2. Teil der Arbeit. Es werden dort die Funktion und wirtschaftliche Bedeutung der geographischen Herkunftsangaben sowie ihre Rechtsquelle, Begriffe und die Entwicklung vom

43 BGH, Urteil vom 31.03.2016 – I ZR 86/13, GRUR 2016, 741 – *Himalaya Salz.*

44 Vgl. die Ausführungen unter 2. Teil C. III. c).

wettbewerbsrechtlichen zum kennzeichenrechtlichen Schutz in Deutschland zur Vorbereitung der anschließenden Untersuchungen zusammenfassend dargestellt.

Der anschließende 3. Teil widmet sich der Angabe einer staatlichen Herkunft, die eine spezifische Form der geographischen Herkunftsangabe darstellt. Der Teil beginnt mit einer einleitenden Ausführung zu der Stellung der staatlichen Herkunft in der Wirtschaft und Gesamtrechtsordnung. Danach wird die staatliche Herkunft auf ihre Eigenschaft als geographische Herkunftsangabe untersucht. Anhand von zahlreichen Gerichtsentscheidungen zur staatlichen Herkunft, insbesondere zu „Made in Germany", denen das wettbewerbsrechtliche Verständnis von geographischen Herkunftsangaben zugrunde liegen, sollen das Defizit des Schutzmodells und die Notwendigkeit eines kennzeichenrechtlichen Schutzes aufgezeigt werden.

Gegenstand des 4. Teils ist im Wesentlichen die Frage, warum einer Angabe der staatlichen Herkunft wie „Made in China" im Einklang mit der kennzeichenrechtlichen Zuordnung der geographischen Herkunftsangaben der subjektive Rechtsschutz zusteht. Das „Made in" – Label wird häufig im Warenverkehr als Hinweis auf das Herkunftsland verwendet und stellt zwar formell eine geographische Herkunftsangabe dar. Mit der Zuordnung der geographischen Herkunftsangaben als gewerbliches Eigentum wird die Eigenschaft des subjektiven Rechts bei einer solchen Angabe der staatlichen Herkunft jedoch keinesfalls selbstverständlich sein. Durch die pauschale Bezugnahme auf ein ganzes Staatsgebiet und die Eignung zur Verwendung bei praktisch allen Arten von Produkten unterscheidet sich ein „Made in" – Kennzeichen wesentlich von den anderen, „üblichen" geographischen Herkunftsangaben, die durch eine deutlich stärkere örtliche Verbundenheit des Produkts gekennzeichnet sind.[45] Es bedarf daher einer Untersuchung, aus welchen Gründen die Rechtsprechung die geographischen Herkunftsangaben als subjektive Rechte ansehen und ob diese Gründe auch bei der Angaben einer staatlichen Herkunft wie „Made in China" zutreffen.

Der 5. Teil der Arbeit widmet sich des Inhalts des subjektiven Rechts an „Made in China". Es soll herausgearbeitet werden, welchen Schutzinhalt das subjektive Recht seinen Trägern gebührt und welche Schutzansprüche denen zur Verfügung stehen. Wie es sich im Lauf der Untersuchung noch zu zeigen wird, weisen die bestehenden Regelungen zu den geographischen Herkunftsangaben im deutschen Markengesetz noch Elemente des wettbewerbsrechtlichen

45 Vgl. die Ausführungen unter 4. Teil A. II.

Verständnisses auf, das bei dessen Inkrafttreten im Jahr 1995 zugrunde gelegt wurde.[46] Die Kursänderung in der BGH – Rechtsprechung hat zwar in dogmatischer Hinsicht den Anschluss an das europäische Schutzmodell für die geographischen Herkunftsangaben ermöglicht. Es ist allerdings fraglich, ob und wie die Regelungen der neuen Interpretation der geographischen Herkunftsangaben als gewerblichem Eigentum genügend Rechnung tragen und den subjektiven Rechten zur vollen Entfaltung verhelfen können. Es soll anhand der staatlichen Herkunft untersucht werden, inwiefern die gesetzlichen Regelungen im Licht des gewerblichen Eigentums ausgelegt werden können und ob darüber hinaus der Gesetzgeber tätig werden soll.

Anschließend ist der Versuch zu unternehmen, anhand der Untersuchungsergebnisse der vorherigen Ausführungen die rechtlichen Handlungsmöglichkeiten für die zukünftige Entwicklung von „Made in China" aufzuzeigen. Für den Aufstieg von „Made in China" auf dem deutschen und europäischen Markt kann die Eigenschaft des gewerblichen Eigentums neues Entwicklungspotenzial mit sich bringen, an dessen Ausschöpfung die chinesische Industrie interessiert sein kann. Denn ein subjektives Recht weist in der Regel einen bestimmten Zuweisungsgehalt auf und ist mit diversen Schutzansprüchen seines Inhabers verbunden. Sollte an „Made in China" ebenfalls ein subjektives Recht bestehen, ergeben sich daraus möglicherweise rechtliche Optionen, dessen Nutzung zu gestalten und proaktive Maßnahmen zur Imagepflege vorzunehmen.

Es stellt sich vor diesem Hintergrund vor allem die Frage, ob der „Inhaber" von der geographischen Herkunftsangabe „Made in China" für dessen Verwendung gewisse Bedingungen aufstellen kann, so dass das Kennzeichen nicht wie bisher hauptsächlich im Kontext der massenhaften Billigwaren mit dem Verkehr in Berührung kommt. Die Besonderheiten der geographischen Herkunftsangabe „Made in China", die sich aus Sicht der deutschen Verbraucher auf ein fremdes Land bezieht und dabei formal sämtliche in China hergestellten Produkte einschließt, liegen in mehrfacher Hinsicht. Mit „Made in China" will die chinesische Industrie im Ausland für ihre staatliche Herkunft werben. Es werden jedoch mit einem Land in der Regel nationale Identifikationsgefühle und entsprechende Vorurteile verbunden, die in die Eigenschaften des gekennzeichneten Produktes hineininterpretiert werden.[47] Die Beurteilung solcher Prozesse ist umso schwerer, als es bei China

46 Vgl. die Ausführungen unter 5. Teil B.

47 *Glaus*, Die geographische Herkunftsangabe als Kennzeichen, S. 1.

um ein sowohl wirtschaftlich als auch politisch umstrittenes Land handelt. Es ist im Hinblick auf das gemischte Image von „Made in China" zu klären, ob und inwiefern sich solch von subjektiven Meinungen geprägte Wahrnehmung auf den Rechtsschutz der geographischen Herkunftsangabe auswirkt. Vom Vorteil für die chinesische Industrie wäre insoweit ein Schutzumfang, der sich möglichst nach objektiven Standards richten. Denn dadurch lässt sich der Aufstieg von „Made in China" möglichst unter eigene Kontrolle halten. Ferner hat „Made in China", um sein Image zu verbessern, teilweise gegen rufschädigende Praxis oder Handlungen wie z.B. Minderqualität oder Produktpiraterie „aus eigener Reihe" zu kämpfen. Die Benutzung von „Made in China" wirkt in solchen Fällen sogar kontraproduktiv bzw. soll aus Sicht der chinesischen Außenwirtschaft möglichst unterbunden werden. Die geographische Herkunftsangabe will so gesehen teilweise „gegen sich selbst" vorgehen. Dies stellt einen wesentlichen Unterschied zum Rechtsschutz von „Made in Germany" dar, der in erster Linie gegen Produkte anderer staatlichen Herkunft gerichtet ist.[48] Schließlich darf man nicht den Umstand vernachlässigen, dass die staatliche Industriepolitik Chinas einen starken Einfluss auf die Entwicklung von „Made in China" nehmen kann und die geographische Herkunftsangabe damit möglicherweise über einen handlungsfähigen Vertreter mit starken Durchsetzungsvermögen verfügt.

Freilich hängt das wirtschaftliche Interesse an einer geographischen Herkunftsangabe maßgeblich von der Qualität des gekennzeichneten Produktes und von der subjektiven Wahrnehmung dieser Angabe durch das Publikum ab. „Made in China" würde sich nicht von heute auf morgen zu einem Qualitätszeichen entwickeln, nur weil ein geschicktes Konzept für seine Verwendung unter Ausschöpfung der gesetzlichen Schutzmöglichkeiten existiert. Die positive Wahrnehmung von „Made in China" kann die technischen Fortschritte der chinesischen Fertigungsindustrie und den Qualitätszuwachs der chinesischen Produkte nicht bewirken, sondern setzt diese voraus. Allerdings ist angesichts der aktuellen wirtschaftlichen und politischen Entwicklung Chinas zukünftig ein gesteigertes Interesse am Rechtsschutz von „Made in China" zu erwarten. Vor diesem Hintergrund sollen die Möglichkeiten und Grenzen des Rechtsschutzes aufgezeigt werden.

Es ist auch für die deutsche Wirtschaft und vor allem für ihre Fertigungsindustrie, die zunehmend Konkurrenz aus dem Reich der Mitte zu spüren

48 Vgl. die Fälle der Rechtsprechung unter 3. Teil C.

bekommen, sicherlich von Bedeutung, die Entwicklung von „Made in China" zu verfolgen und seinen rechtlichen Handlungsspielraum zu kennen.

Die vorliegende Arbeit ist somit in erster Linie der Zukunft gewidmet. Alle Ausführungen sollen trotz der etwaigen staatlichen Interessen hinter „Made in China" nur von rechtlichen Erwägungen geleitet werden und mit gebotener politischer Neutralität erfolgen.

2. Teil: Dogmatische Grundlagen

A. Allgemeines zu den geographischen Herkunftsangaben

Die geographischen Herkunftsangaben sind die älteste Form zur Warenkennzeichnung und wurden bereits im Mittelalter eingesetzt, als System zum Schutz der individuellen Herkunftskennzeichen wie etwa Marken noch nicht existierte.[49] Dabei wurden Produkte eines bestimmten geographischen Ursprungs zugeordnet und unter dessen Namen angeboten. Dadurch konnten Produkte einer bestimmten Quelle in einer anschaulichen Weise von Produkten anderer Quellen unterschieden werden und somit langfristig einen Marktvorteil erlangen.[50] Traditionell kommt den geographischen Herkunftsangaben im Agrar- und Lebensmittelsektor die größte Bedeutung zu. Dies liegt zum einen daran, dass die Agrarwirtschaft vor dem Zeitalter der Industrialisierung in der Regel die wichtigste Einnahmequelle für die jeweiligen Gebietsansässigen darstellte, so dass stets ein hohes Interesse an einer erfolgreichen Vermarkung bestand. Zum anderen war dieser Sektor in erheblichem Maß auf die natürlichen Gegebenheiten vor dem jeweiligen Produktionsort angewiesen, so dass eine starke Ortsgebundenheit der Produkte entstehen konnte. Die Bedeutung der geographischen Herkunftsangaben ist heutzutage weiterhin im Agrar- und Lebensmittelsektor am stärksten zu spüren. Reine oder bearbeitete Naturerzeugnisse stellen nach wie vor den Hauptanwendungsbereich der geographischen Herkunftsangaben dar. Bordeaux, Cognac, Spreewälder Gurken, oder Thüringer Rostbratwurst sind bekannte Beispiele dafür.[51] Aber auch für viele industrielle Erzeugnisse sind die geographischen Herkunftsangaben nicht mehr wegzudenken. Die Schweiz und Solingen stehen beispielsweise für hochqualitative Messer. „Made in Germany" gilt seit Jahrzehnten als Stolz der gesamten deutschen Fertigungsindustrie.[52]

---

49 *Schricker*, GRUR Int 1982, 515 (516); *Omsels*, Geografische Herkunftsangaben, S. 1f.
50 *Harte-Bavendamm*, GRUR 1996, 717 (717).
51 *Omsels*, Geografische Herkunftsangaben, S. 1.
52 Vgl. *Dück*, „Made in Germany" zwischen Auslaufmodell und Gütesiegel, S. 7 ff.

B. Die Interessenlage beim Schutz der geographischen Herkunftsangaben

Diese besondere Anziehungskraft sowohl für Verbraucher als auch für Nachahmer[53] der geographischen Herkunftsangaben bringt den ortsansässigen Unternehmen einerseits einen erheblichen wirtschaftlichen Vorteil,[54] macht diese andererseits anfällig für Nachahmungen und Anlehnungen. Unredliche Konkurrenten machen sich den wirtschaftlichen Wert der geographischen Herkunftsangaben zu Nutze, indem sie ortsfremde Produkte unter den unzutreffenden Herkunftsangaben vertreiben.[55] Die falschen geographischen Herkunftsangaben beeinträchtigen zu einem die Interessen der ortsansässigen Hersteller und büßen ihr Einkommen ein.[56] Die haben den Ruf der Herkunftsangaben nicht selten durch Leistungen von mehreren Generationen erarbeitet und wollen daher exklusiv in den Genuss deren wirtschaftlichen Vorteile kommen, die bei ungehinderter missbräuchlicher Nutzung im Lauf der Zeit verloren gehen würden. Denn die geographischen Herkunftsangaben könnten allmählich ihre ursprüngliche Bedeutung verlieren und sich zu den sogenannten Gattungsbezeichnungen entwickeln.[57] Zum anderen ist der Fehlgebrauch geographischer Herkunftsangaben auch aus Sicht einer modernen Marktwirtschaft zu bekämpfen. Denn er täuscht die Verbraucher und verzerrt ferner den fairen Wettbewerb.[58]

Somit bilden die Ortsansässigen und die Verbraucher stets die beiden wesentlichen Interessenträger bei Benutzung der geographischen Herkunftsangaben.[59] So verbreitet und zugleich vielfältig die geographischen Herkunftsangaben heutzutage auf dem Markt in Erscheinung treten mögen, stehen stets diese beiden Interessensgruppen bei deren Rechtsschutz im Mittelpunkt. Sie lassen sich aber nicht immer vollumfänglich miteinander im Einklang bringen. Vielmehr ist bei der Ausgestaltung des Rechtsschutzes eine Schwerpunktsetzung

53 *Loschelder*, GRUR 2016, 339 (339).

54 *Obergfell*, in: Festschrift Fezer, S. 725 (726).

55 *Schricker*, GRUR Int 1982, 515 (516).

56 *Grumbrecht*, Die geografische Herkunftsangabe als Immaterialgut im System des europäischen Rechtsschutzes der geografischen Angaben und Ursprungsbezeichnungen, S. 2.

57 Vgl. *Loschelder*, in: Festschrift Tilmann, S. 403 (412 ff.).

58 *Lindacher*, Festschrift Müller-Graff, S. 649 (649).

59 Vgl. *Baier*, GRUR Int 1968, 69 (70), der zwar auch die die Interessen der Allgemeinheit wie diejenigen der redlichen Mitbewerber erwähnt, aber letztendlich die Verbraucherinteressen in den Vordergrund stellt.

erforderlich. Ausgehend davon existieren in Europa, wie unten noch in Einzelheiten dargestellt wird, zwei unterschiedliche Schutzkonzepte.[60] Auf der einen Seite steht der Schutz durch Kennzeichenrecht, das die geographischen Herkunftsangaben als gewerbliches Eigentum oder gewerbliches Schutzrecht behandelt.[61] Sie begründen wie andere gewerbliche Schutzrechte (zum Beispiel Patente oder Marken) subjektive Rechtspositionen. Dieses in den südeuropäischen Staaten herkömmliche Schutzkonzept bezweckt in erster Linie die wirtschaftliche Beförderung der ortsansässigen Erzeuger. Ihnen sollen die geschützten Herkunftsangaben unabhängig von der Wahrnehmung durch den Verkehr vorbehalten werden.[62] Auf der anderen Seite steht der Schutz durch das Wettbewerbsrecht, das in erster Linie die Irreführung der Verbraucher durch unzutreffende geographische Herkunftsangaben unterbinden soll und den geographischen Herkunftsangaben selbst nur einen mittelbaren Schutz vermittelt.[63] Im Mittelpunkt dieses Schutzmodells steht die Ermittlung der Verkehrsauffassung, auf der die Feststellung der Irreführung beruht.[64] Der Schutz der geographischen Herkunftsangaben wird maßgeblich durch die subjektive Empfindung der Verbraucher bestimmt.[65] Man kann den Unterscheid zwischen beiden Schutzmodellen wie folgt zusammenfassen: Auf der einen Seite steht der Schutz *von* geographischen Herkunftsangaben und auf der anderen Seite der Schutz vor Irreführung *mit* geographischen Herkunftsangaben.[66]

C. Arten von geographischen Herkunftsangaben und begriffliche Bestimmungen

Bei geographischen Herkunftsangaben handelt es sich nach der deutschen Rechtsterminologie um einen Oberbegriff für alle Arten der Bezeichnungen

60 Vgl. die Ausführungen unter 2. Teil C. III. 1.

61 Die Bezeichnung dieses Schutzmodells ist nicht einheitlich und es werden unterschiedliche Begriffe wie „Immaterialgüterrecht", „Subjektives Recht", „Ausschließlichkeitsrecht" oder „Kennzeichenrecht" verwendet, siehe den Überblick in *Kiefer*, WRP 2016, 1458 (1459).

62 *Loschelder*, GRUR 2016, 339 (341).

63 *Grumbrecht*, Die geografische Herkunftsangabe als Immaterialgut im System des europäischen Rechtsschutzes der geografischen Angaben und Ursprungsbezeichnungen, S. 3.

64 Vgl. *Böhm*, Die verpflichtende Herkunftsbezeichnung, S. 167.

65 *Loschelder*, GRUR 2016, 339 (341).

66 *Lindacher*, Festschrift Müller-Graff, S. 649 (650); *Tilmann*, in: Gewerblicher Rechtsschutz und Urheberrecht in Deutschland, S. 1007 (1025).

der Produktherkunft.[67] Unabhängig von den einzelnen Rechtsgrundlagen für den Schutz der geographischen Herkunftsangaben, auf die im Folgenden noch eingegangen wird, haben sich in der Praxis einige Begriffe zur Bezeichnung der verschiedenen Arten von geographischen Herkunftsangaben entwickelt. Der Ausgangspunkt für die Begriffsbestimmung der geographischen Herkunftsangaben ist ihre grundlegende Herkunftsfunktion. Durch deren Verwendung wird der Verkehr auf einen bestimmten geographischen Raum oder ein geographisches Gebiet hingewiesen.[68] Über diesen bloßen Hinweis auf die geographische Herkunft hinaus werden allerdings national und international unterschiedliche Anforderungen hinsichtlich der konkreten Verbindung zwischen der Angabe und dem Produkt gestellt. Diese „Feinabstimmung“[69] unter den verschiedenen Rechtsquellen führt zu einer uneinheitlichen Terminologie der geographischen Herkunftsangaben.[70] Auf der internationalen Ebene werden Begriffe wie etwa Herkunftsangaben (indications of source) nach der Pariser Verbandsübereinkunft (PVÜ)[71] und dem Madrider Herkunftsabkommen (MHA)[72], Ursprungsbezeichnungen (appellations of origin) nach dem Lissabonner Ursprungsabkommen (LUA)[73] und geographischen Angaben (geographical indications) nach dem TRIPS-Abkommen[74] verwendet. Die EU-Verordnung zum Schutz geographischer Herkunftsangaben (Verordnung (EU)

---

67 Vgl. *Fassbender/Herbrich*, GRUR Int 2014, 765 (766 Fn. 1) mit dem Hinweis auf BT-Drs. 14/2959, S. 11.

68 *Kahler*, Die geographischen Herkunftsangaben an der Schnittstelle zwischen Markenrecht und Wettbewerbsrecht, S. 14.

69 *Kahler*, Die geographischen Herkunftsangaben an der Schnittstelle zwischen Markenrecht und Wettbewerbsrecht, S. 14.

70 *Rauffus*, Der internationale Schutz geografischer Herkunftsangaben, S. 39.

71 Pariser Verbandsübereinkunft zum Schutz des gewerblichen Eigentums vom 20. März 1883 (BGBl. 1970 II S. 391, berichtigt 1985 II S. 97), geändert durch die Bekanntmachungen von Änderungen völkerrechtlicher Übereinkünfte auf dem Gebiet des geistigen Eigentums vom 20. August 1984 (BGBl. II S. 799).

72 Madrider Abkommen über die Unterdrückung falscher oder irreführender Herkunftsangaben vom 14. April 1891, zuletzt revidiert in Lissabon am 31. Oktober 1958 (BGBl. 1961 II S. 273, 293).

73 Lissaboner Abkommen über den Schutz der Ursprungsbezeichnungen und ihre internationale Registrierung vom 31. Oktober 1958, revidiert in Stockholm am 14. Juli 1967 und geändert am 2. Oktober 1979.

74 Übereinkommen über handelsbezogene Aspekte der Rechte des geistigen Eigentums vom 15. April 1994 (BGBl. II S. 1730), geändert durch das Protokoll zur Änderung des TRIPS-Übereinkommens vom 6. Dezember 2005 (ABl. 2007 Nr. L 311 S. 37).

1151/2012)[75] unterscheidet zwischen geschützten geographischen Angaben (protected geographical indications) und den geschützten Ursprungsbezeichnungen (protected designations of origin).[76]

Trotz der Vielfalt der Bezeichnungen lassen sich all diese Formen der geographischen Herkunftsangaben in zwei großen Gruppen unterteilen. Je nachdem, ob eine geographische Herkunftsangabe lediglich einen Hinweis auf die Herkunft der gekennzeichneten Ware oder darüber hinaus zusätzliche Informationen über die besonderen Eigenschaften des Produkts enthält, die auf der Herkunft beruhen, lässt sie sich als „einfache" oder „qualifizierte" geographische Herkunftsangabe nennen.[77] Das deutsche Markenrecht hat diese Unterscheidung bei der Normierung der geographischen Herkunftsangaben übernommen.[78] Bei einer einfachen geographischen Herkunftsangabe genügt es für deren Verwendung im Grundsatz, dass die Ware tatsächlich aus dem angegebenen Ort stammt, wobei die Beurteilung dieser Frage unter Umständen auch mit enormen Schwierigkeiten verbunden werden kann. Das ist beispielsweise bei der Angabe eines Herkunftslandes auf einem Produkt der Fall, wenn es mehrere Produktionsschritte in verschiedenen Ländern durchlaufen hat. Bei einer qualifizierten geographischen Herkunftsangabe muss die Ware nicht nur aus dem bezeichneten Ort stammen. Sie muss ferner die besonderen Eigenschaften aufweisen, die in einer gewissen Verbindung zu ihrem Ursprung stehen. Häufig sind diese Eigenschaften konkrete qualitative Kriterien, die eine objektive Überprüfung zulassen.[79] Es können aber auch subjektive Elemente wie etwa das Ansehen eines Produkts als verbindlichen Eigenschaften einer geographischen Herkunftsangabe festgelegt werden.[80] Konzeptionell wird bei qualifizierten geographischen Herkunftsangaben ein höheres Schutzniveau aus Sicht der Ortsansässigen erreicht, weil die Verwendung der Herkunftsangaben nur bei Erfüllung bestimmter qualitativer Bedingungen zulässig ist und die

---

75 Verordnung (EU) Nr. 1151/2012 des Europäischen Parlaments und des Rates vom 21. November 2012 über Qualitätsregelungen für Agrarerzeugnisse und Lebensmittel (ABl. L 343/1).

76 Siehe die Zusammenfassung in *Rauffus*, Der internationale Schutz geografischer Herkunftsangaben, S. 40.

77 Vgl. *Eberli*, GRUR Int 2011, 20 (21).

78 *Fezer*, Markenrecht, § 127 Rn. 1.

79 Vgl. etwa Art. 7 Abs. 1 lit. b Verordnung (EU) Nr. 1151/2012 zu den Angaben über die physikalischen, chemischen, mikrobiologischen oder organoleptischen Eigenschaften eines Erzeugnisses.

80 Vgl. Art. 5 Abs. 2 lit. b Verordnung (EU) Nr. 1151/2012.

Ortansässigen durch Festlegung der Benutzungsbedingungen eine gemeinsame Qualitätspolitik betreiben kann. Der effektive Schutz von qualifizierten geographischen Herkunftsangaben bedarf allerdings einer strukturellen Absicherung durch den Staat wie beispielsweise in Form eines Registersystems, das der Eintragung der Herkunftsangaben samt ihren Benutzungsregelungen ermöglicht. Fehlt eine solche staatliche Strukturhilfe, wie es hinsichtlich der deutschen Regelungen noch zu zeigen ist,[81] könnten die geographischen Herkunftsangaben an ihrer weiteren Entwicklung gehindert werden.

D. Übersicht der Rechtsgrundlagen der geographischen Herkunftsangaben

Die geographischen Herkunftsangaben werden durch eine Reihe von internationalen, europäischen und nationalen Vorschriften geregelt. Im Folgenden werden zunächst die wichtigen Rechtsgrundlagen und anschließend der dogmatische Streit in Deutschland über die Rechtsnatur der geographischen Herkunftsangaben in Grundzügen dargestellt.

I. Internationales Recht

Zunächst bestehen mehrere multilaterale Abkommen, die die geographischen Herkunftsangaben als Schutzgegenstände enthalten. Die Pariser Verbandsübereinkunft (PVÜ) verpflichtet nach Art. 10 die Vertragsstaaten, Erzeugnisse mit falschen Herkunftsangaben zu beschlagnahmen. Das Madrider Abkommen über die Unterdrückung falscher oder irreführender Herkunftsangaben auf Waren (MHA) verpflichtet seine Mitgliedstaaten, Angaben über die Herkunft der Erzeugnisse, die das Publikum täuschen, zu verbieten (Art. 3bis MHA). Die PVÜ und das MHA regeln auf der internationalen Ebene den Schutz von einfachen geographischen Herkunftsangaben.[82] Das Übereinkommen über handelsbezogene Aspekte der Rechte des geistigen Eigentums (TRIPS) enthält in Art. 22 bis 24 besondere Bestimmungen über den Schutz von qualifizierten geographischen Herkunftsangaben.[83] Art. 22 Abs. 1 TRIPS enthält eine Legaldefinition der geographischen Herkunftsangaben und Art. 22 Abs. 2 TRIPS sehen zwei Verbotstatbestände vor, die mit einem Lauterkeitsrechts-Schutzkonzept

---

81 Ausführlich dazu unter 5. Teil B. III. 2.

82 *Rauffus*, Der internationale Schutz geografischer Herkunftsangaben, S. 40.

83 *Fezer*, Markenrecht, Vorb § 126 Rn. 13.

irreführende Benutzung und unlautere Wettbewerbshandlung unterbinden sollen.[84]

Die PVÜ und das MHA bieten insgesamt ein relativ geringes Schutzniveau und haben heutzutage für den Schutz geographischer Herkunftsangaben keine große Bedeutung.[85] Die Vorgaben des TRIPS hinsichtlich des Schutzes der geographischen Herkunftsangaben sind weitgehend im Unionsrecht[86] und deutschen Recht[87] umgesetzt.

Zu erwähnen ist ferner das Lissaboner Ursprungsabkommen (LUA), das ein höheres Schutzniveau auf der internationalen Ebene für die qualifizierten geographischen Herkunftsangaben bietet. Dieses Abkommen sieht ein Register der Ursprungsbezeichnungen vor, das bei der World Intellectual Property Organisation (WIPO) geführt wird. Deutschland ist dem Abkommen nicht beigetreten, weil es an einem nationalen Registersystem fehlt, das zu dem Konzept des Abkommens passt.[88] Der in Deutschland herkömmliche Irreführungsschutz der geographischen Herkunftsangaben erfüllt nicht die Eintragungsvoraussetzungen des LUA.[89]

Abgesehen von den multibilateralen Abkommen bilden ferner verschiedene zweiseitige Abkommen der Bundesrepublik Deutschland mit anderen Staaten einen Teil der Rechtsgrundlagen des Schutzes geographischer Herkunftsangaben.[90] Zurzeit unterhält Deutschland mit Portugal, Kuba, Frankreich, Italien, Griechenland, Spanien, und der Schweiz Staatsverträge zum Schutz von geographischen Herkunftsangaben.[91] Ein weiterer Vertrag mit Österreich ist nicht ratifiziert worden.[92] In solchen Verträgen, die weitgehend die gleiche Struktur aufweisen, werden ausgewählten geographische Herkunftsangaben in Listen aufgenommen, die im Territorium

---

84 *McGuire/Strauch/Peter*, in: Busche/Stoll/Wiebe, TRIPs, Art. 22 Rn. 27.

85 *v. Gamm*, Festschrift Brandner, S. 375 (377).

86 Verordnung (EG) 510/2006: *McGuire*, WRP 2008, 620 (623).

87 § 127 MarkenG: *Knaak*, GRUR Int 1995, 642 (648).

88 *Beier*, GRUR Int 1968, 69 (76).

89 Knaak, GRUR Int 1995, 642 (644).

90 *Fezer*, Markenrecht, Vorb § 126 Rn. 15.

91 *Fezer*, Markenrecht, Vorb § 126 Rn. 15 ff.; Siehe ferner *Dück*, „Made in Germany" zwischen Auslaufmodell und Gütesiegel, S. 132 ff.

92 Dies lag überwiegend an dem damals von der Europäischen Kommission geäußerten Bedenken über die fehelende Kompetenz der Bundesrepublik Deutschland zum Abschluss des Abkommens, vgl. *Krieger*, GRUR Int 1984, 71 (76); *Streber*, Die internationalen Abkommen der Bundesrepublik Deutschland zum Schutz geographischer Herkunftsangaben, S. 62.

der Vertragsstaaten unter Schutz gestellt werden.[93] Dabei handelt es sich überwiegend um Natur- und Gewerbeerzeugnisse, die nach dem Recht des jeweiligen Ursprungslandes geschützt werden (die sogenannte Schutzrechtsübernahme).[94] Eine Besonderheit enthalten die Abkommen mit der Schweiz und Spanien. Diese sehen über den Schutz der in den Listen aufgenommenen Herkunftsangaben hinaus ein Verbot der missbräuchlichen Verwendung von Staats- und Länderbezeichnungen für sämtliche Erzeugnisse.[95] Mit dieser Regelung wird die unzutreffende Angabe des Herkunftslandes zumindest im Ansatz geahndet, wobei die Kriterien für die Bestimmung des Herkunftslandes im Einzelnen in den Verträgen fehlen.[96] Ferner ist auch zu beachten, dass das Verbot nur im Verhältnis zwischen den Vertragsstaaten gilt.[97] Für das Thema der vorliegenden Arbeit besitzt diese Regelung allerding keine Relevanz.

II. Unionsrecht

Wie bereits in der Einführung erwähnt, wird der Schutz der geographischen Herkunftsangaben in Deutschland von der Gesetzgebung und Rechtsprechung der Europäischen Union in diesem Bereich erheblich beeinflusst.

Der Schutz der geographischen Herkunftsangaben ist im Unionsrecht sowohl primär- als auch sekundärrechtlich verankert. Im Primärrecht zählen die geographischen Herkunftsangaben nach EuGH-Rechtsprechung zu dem gewerblichen und kommerziellen Eigentum im Sinne des Art. 36 AEUV[98] und können somit die Beschränkung der Warenverkehrsfreiheit rechtfertigen.

Im Bereich des Sekundärrechts besitzt die Europäische Union ein besonders entwickeltes Rechtsystem zum produktspezifischen Schutz der geographischen Herkunftsangaben.[99] Zum einen hat EU für bestimmte Arten von Getränke (Weine,[100]

93 *Fezer*, Markenrecht, Vorb § 126 Rn. 16.

94 *Hacker*, in: Ströbele/Hacker, MarkenG, § 126 Rn. 26.

95 *Lange*, Marken- und Kennzeichenrecht, § 7 Rn. 4713.

96 *Streber*, Die internationalen Abkommen der Bundesrepublik Deutschland zum Schutz geographischer Herkunftsangaben, S. 79 ff.

97 *Dück*, „Made in Germany" zwischen Auslaufmodell und Gütesiegel, S. 136.

98 EuGH, Urteil vom 10.11.1992 – C-3/91, GRUR Int 1993, 76 – *Turrón*.

99 *Marx*, in: Fezer/Büscher/Obergfell, Lauterkeitsrecht Band 1, S 10 Rn. 11.

100 Verordnung (EU) Nr. 1308/2013 des Europäischen Parlaments und des Rates vom 17. Dezember 2013 über eine gemeinsame Marktorganisation für landwirtschaftliche Erzeugnisse und zur Aufhebung der Verordnungen (EWG) Nr. 922/72, (EWG) Nr. 234/79, (EG) Nr. 1037/2001 und (EG) Nr. 1234/2007 (ABl. L 347/671).

aromatisierte Weinerzeugnisse,[101] Spirituosen,[102] Mineralwässer[103]) spezifische Verordnungen bzw. Richtlinien erlassen. Zum anderen wurde zum Schutz der geographischen Herkunftsangaben für Agrarerzeugnisse und Lebensmittel die bereits oben erwähnte Verordnung (EU) 1151/2012 geschaffen. Die traditionelle Bedeutung der geographischen Herkunftsangaben in diesen Sektoren spiegelt sich also auch im Prozess der europäischen Integration wider. Die Verordnung (EU) 1151/2012 folgt den Schutzsystemen der Mittelmeerländer wie Frankreich, Spanien, Italien und Portugal[104] sowie des LUA[105] und schafft ein Registersystem für qualifizierte geographische Herkunftsangaben, die bei Erfüllung bestimmter formeller und materieller Voraussetzungen eingetragen werden und einen EU-weiten Schutz erlangen können. Dabei ist jeder eingetragenen geographischen Herkunftsangabe eine Produktspezifikation beigefügt, die von dem Verband der Ortsansässigen verfasst wird und die Benutzungsvoraussetzungen nach objektiven Kriterien festlegt.[106] Der Schutz ist umfassend und unabhängig von einer Irreführungsgefahr gewährt und richtet sich gegen sämtliche Formen der unbefugten Verwendung.[107] Dementsprechend werden

---

101 Verordnung (EU) Nr. 251/2014 des Europäischen Parlaments und des Rates vom 26. Februar 2014 über die Begriffsbestimmung, Beschreibung, Aufmachung und Etikettierung von aromatisierten Weinerzeugnissen sowie den Schutz geografischer Angaben für aromatisierte Weinerzeugnisse und zur Aufhebung der Verordnung (EWG) Nr. 1601/91 des Rates (ABl. L 84/14).

102 Verordnung (EG) Nr. 110/2008 des Europäischen Parlaments und des Rates vom 15. Januar 2008 zur Begriffsbestimmung, Bezeichnung, Aufmachung und Etikettierung von Spirituosen sowie zum Schutz geografischer Angaben für Spirituosen und zur Aufhebung der Verordnung (EWG) Nr. 1576/89 (ABl. L 39/16).

103 Richtlinie 2009/54/EG des Europäischen Parlaments und des Rates vom 18. Juni 2009 über die Gewinnung von und den Handel mit natürlichen Mineralwässern (ABl. L 164/45).

104 *Beier/Knaak*, GRUR Int 1992, 411 (416); *Ramirez*, Der Schutz von geographischen Angaben und Ursprungsbezeichnungen für Agrarerzeugnisse und Lebensmittel nach der Verordnung (EG) Nr. 510/06, S. 114.

105 Zur Anlehnung der Verordnung an LUA siehe *Loschelder*, ZLR 2001, 115 (116).

106 Zur Bedeutung dieser Spezifikation vgl. die Ausführung unter 5. Teil B. III. 2.

107 *Schulte-Beckhausen*, GRUR Int 2008, 984 (986); *Grumbrecht*, Die geografische Herkunftsangabe als Immaterialgut im System des europäischen Rechtsschutzes der geografischen Angaben und Ursprungsbezeichnungen, S. 156.

die nach dieser Verordnung geschützten geographischen Herkunftsangaben vom EuGH dem gewerblichen Eigentum zugeordnet.[108]

Die Verordnung (EU) 1151/2012 regelt allerdings nur die Agrarerzeugnisse oder Lebensmittel nach deren Art. 2 und nur diejenigen von denen, die Gegenstände von qualifizierten geographischen Herkunftsangaben sind.[109] Auf andere Produkte und einfache geographische Herkunftsangaben finden Regelungen der Mitgliedstaaten Anwendung. Eine Sperrwirkung aus der Verordnung besteht insoweit nicht.[110]

Weitere Bezugspunkte zu den geographischen Herkunftsangaben sind in der Markenrichtlinie[111] (MarkenRL) und Unionsmarkenverordnung[112] (UMV) zu finden, die die Eintragbarkeit von geographischen Herkunftsangaben als Kollektivmarken auf nationaler und EU-Ebene regeln (Art. 29 MarkenRL, Art. 74 Abs. 2 UMV).

Das Unionsrecht übt somit einen wesentlichen Einfluss auf die Ausgestaltung und Auslegung der deutschen Vorschriften zum Schutz der geographischen Herkunftsangaben aus. Insbesondere ist deren kennzeichenrechtliche Zuordnung durch den BGH auf die legislativen und gerichtlichen Tätigkeiten der EU zurückzuführen. Die Einzelheiten werden im folgenden Abschnitt erörtert.[113]

III. Nationales Recht

Anders als auf der europäischen Ebene ist der Schutz von geographischen Herkunftsangaben in Deutschland nicht besonders produktspezifisch geprägt. Vielmehr steht schwerpunktmäßig ein genereller Schutz unter Anknüpfung an Irreführungsverbot durch Lauterkeitsrecht und Markenrecht im Vordergrund. Spezifischer Schutz von einzelnen geographischen Herkunftsangaben durch

---

108 EuGH, Urteil vom 20.05.2003 – C-469/00, GRUR 2003, 609 (612 Rn. 49) – *Grana padano*; EuGH, Urteil vom 20.05.2003 – C-108/01, GRUR 2003, 616 (619 Rn. 64) – *Prosciutto di Parma*.

109 EuGH, Urteil vom 07.11.2000 – C-312/98, GRUR Int 2001, 51 (55) – *Warsteiner*.

110 EuGH, Urteil vom 07.11.2000 – C-312/98, GRUR Int 2001, 51 (55) – *Warsteiner*; *Fassbender/Herbrich*, GRUR Int 2014, 765 (766); Obergfell, GRUR 2001, 313, 316.

111 Richtlinie (EU) 2015/2436 des Europäischen Parlaments und des Rates vom 16. Dezember 2015 zur Angleichung der Rechtsvorschriften der Mitgliedstaaten über die Marken (ABl. L 336/1).

112 Verordnung (EU) 2017/1001 des Europäischen Parlaments und des Rates vom 14. Juni 2017 über die Unionsmarke (ABl. L 154/1).

113 Vgl. die Ausführungen unter 2. Teil C. III. 1. c).

etwa Eintragung von Kollektivmarken oder Erlass von Rechtsverordnungen ist zwar gesetzlich vorgesehen, spielt nicht zuletzt wegen der langjährigen wettbewerbsrechtlichen Tradition eine geringere Rolle in der Praxis.

1. Genereller Schutz durch Lauterkeitsrecht und Markenrecht

a) Wettbewerbsrechtliche Tradition

Im deutschen Recht sind die geographischen Herkunftsangaben von einer wettbewerbsrechtlichen Tradition geprägt. Vor der ausdrücklichen Normierung im Markengesetz, das am 1. Januar 1995 in Kraft trat, wurde zwar die Werbefunktion der geographischen Herkunftsangaben anerkannt.[114] Ihr Hauptzweck wurde aber in dem Schutz gegen Unlauterkeit und gegen Irreführung des Verkehrs gesehen, ohne dass individuelle Schutzrechte begründet werden konnten.[115] Die Verwendung von falschen oder irreführenden geographischen Herkunftsangaben galt als ein Unterfall der irreführenden Werbung und wurde der Täuschung über andere objektive Produktinformationen wie Beschaffenheit, Menge oder Preis gleich betrachtet.[116] Dementsprechend sah § 3 Satz 1 UWG 1909[117] vor, dass „unrichtige" Angaben über den Ursprung einer Ware durch Unterlassungsanspruch unterbunden werden kann.

§ 3 UWG Satz 1 1909 lautete:

> „Wer in öffentlichen Bekanntmachungen oder in Mitteilungen, die für einen größeren Kreis von Personen bestimmt sind, über geschäftliche Verhältnisse, insbesondere über ... den Ursprung ... von Waren oder gewerblichen Leistungen unrichtige Angaben macht, die geeignet sind, den Anschein eines besonders günstigen Angebots hervorzurufen, kann auf Unterlassung der unrichtigen Angaben in Anspruch genommen werden."

Später wurde das Wort „unrichtig" im Wege einer Änderung des UWG[118] im Jahr 1969 durch das Wort „irreführend" ersetzt. Damit wollte der deutsche

---

114 Vgl. BVerfG, Beschluss vom 22.05.1979 – 1 BvL 9/75, GRUR 1979, 773 (777) – *Weinbergsrolle*; *Bornkamm/Feddersen*, in: Köhler/Bornkamm/Feddersen, UWG, § 5 Rn. 1.186.

115 BVerfG, Beschluss vom 22.05.1979 – 1 BvL 9/75, GRUR 1979, 773 (777) – *Weinbergsrolle*; BGH, Urteil vom 04.06.1987 – I ZR 109/85, GRUR 1988, 453 (455) – *Ein Champagner unter den Mineralwässern*.

116 *Schricker*, GRUR Int 1982, 515 (516).

117 Gesetz gegen den unlauteren Wettbewerb vom 7. Juni 1909 (RGBl. I S. 499).

118 Gesetz zur Änderung des Gesetzes gegen den unlauteren Wettbewerb vom 26. Juni 1969 (BGBl. I S. 633).

Gesetzgeber klarstellen, dass es nicht auf die objektive Richtigkeit, sondern auf das subjektive Verständnis des Verkehrs abzustellen ist.[119]

Dieser Paragraph bildete fast ein Jahrhundert lang die zentrale Regelung über die geographischen Herkunftsangaben, die ursprünglich keinen eigenständigen Schutzgegenstand in der Rechtsordnung darstellten.[120] Ihre Schutzwirkung zugunsten der berechtigen Ortsansässigen wurde in der Rechtsprechung nur als mittelbar und reflexartig angesehen.[121] Das Bundverfassungsgericht hat die geographischen Herkunftsangaben dementsprechend nicht als Eigentum im Sinne des Art. 14 GG angesehen.[122]

Das UWG wurde in den letzten Jahren mehrmals reformiert und novelliert[123] und sieht den Irreführungsschutz für die geographischen Herkunftsangaben in ihrer aktuellen Fassung[124] im § 5 Abs. 1 Satz 2 Nr. 1 vor. Diese Vorschrift schützt nach wie vor die Interessen der Verbraucher, ohne dass subjektive Rechte der geographischen Herkunftsangaben begründet werden.

b) Normierung im Markengesetz

Seit dem 1. Januar 1995 ist der Schutz der geographischen Herkunftsangaben auch in dem Markengesetz[125] (MarkenG) normiert. Neben Marken (§ 1 Nr. 1 MarkenG) und geschäftlichen Bezeichnungen (§ 1 Nr. 2 MarkenG) werden geographische Herkunftsangaben (§ 1 Nr. 3 MarkenG) als schutzfähiges Kennzeichen des Markengesetzes erklärt. Die allgemeinen Vorschriften zum Schutz der geographischen Herkunftsangaben enthalten §§ 126 – 129 MarkenG. § 126 MarkenG enthält in Absatz 1 eine Legaldefinition des Begriffs der geographischen Herkunftsangaben und in Absatz 2 zur Abgrenzung eine Definition der Gattungsbezeichnungen.[126] § 126 Abs. 1 MarkenG definiert die geographischen Herkunftsangaben als

---

119 Vgl. Sach, Festschrift Trinkner, S. 293 (295).

120 *Hacker*, in: Ströbele/Hacker, MarkenG, § 126 Rn. 3.

121 BVerfG, Beschluss vom 22.05.1979 – 1 BvL 9/75, GRUR 1979, 773 (778) – *Weinbergsrolle*.

122 BVerfG, Beschluss vom 22.05.1979 – 1 BvL 9/75, GRUR 1979, 773 (779) – *Weinbergsrolle*.

123 Siehe *Ohly*, in: Ohly/Sosnitza, UWG, Einführung Rn. 44 ff.

124 Gesetz gegen den unlauteren Wettbewerb in der Fassung der Bekanntmachung vom 3. März 2010 (BGBl. I S. 254), das zuletzt durch Artikel 5 des Gesetzes vom 18. April 2019 (BGBl. I S. 466) geändert worden ist.

125 Markengesetz vom 25. Oktober 1994 (BGBl. I S. 3082; 1995 I S. 156; 1996 I S. 682), das zuletzt durch Artikel 1 des Gesetzes vom 11. Dezember 2018 (BGBl. I S. 2357) geändert worden ist.

126 *Fezer*, Markenrecht, Vorb zu §§ 126 – 129 Rn. 1.

> „die Namen von Orten, Gegenden, Gebieten oder Ländern sowie sonstige Angaben oder Zeichen, die im geschäftlichen Verkehr zur Kennzeichnung der geographischen Herkunft von Waren oder Dienstleistungen benutzt werden."

Der Schutzinhalt nach § 127 MarkenG ist dreistufig[127] aufgebaut: der Irreführungsschutz für einfache geographischen Herkunftsangaben (Abs. 1), der Qualitätsschutz der qualifizierten Herkunftsangaben (Abs. 2) und der Bekanntheitsschutz der geographischen Herkunftsangaben mit besonderem Ruf (Abs. 3).[128] Die Rechtfolgen für Verstöße gegen § 127 MarkenG sind in § 128 MarkenG näher geregelt und orientieren sich weitgehend an den Ansprüche bei Kennzeichenverletzungen.[129]

c) Fortführung der wettbewerbsrechtlichen Auslegung

Trotz der Einbeziehung der geographischen Herkunftsangaben in das Markengesetz hat der Gesetzgeber hinsichtlich ihrer Rechtsnatur keinen ausdrücklichen Paradigmenwechsel in dem Gesetzesentwurf erklärt. Vielmehr war von einer Kodifizierung des vor dem MarkenG geltenden Rechts über die geographischen Herkunftsangaben die Rede.[130] Der Gesetzgeber wollte durch die Einführung des MarkenG kein neues Schutzkonzept für die geographischen Herkunftsangaben begründen, sondern lediglich die damals verstreute Ausgestaltung des Schutzes in verschiedenen Gesetzen beenden.[131] In der Begründung des Gesetzesentwurfs wurde maßgeblich auf ihren Unterschied zur Marken als Individualrechte und auf den „kollektiven Goodwill" der geographischen Herkunftsangaben abgestellt, der allen berechtigten Unternehmen gemeinsam zusteht.[132] An dem auf den Täuschungsschutz angelegten System der geographischen Herkunftsangaben hat das Inkrafttreten des MarkenG nichts geändert.[133]

Diese wettbewerbsrechtliche Interpretation der geographischen Herkunftsangaben wurde von der Rechtsprechung[134] Jahrzehnte lang nach dem

---

127 *Fezer*, Markenrecht, Vorb zu §§ 126 – 129 Rn. 1; *Ingerl/Rohnke*, Markengesetz, § 126 Rn. 1.

128 *Fezer*, Markenrecht, Vorb zu §§ 126 – 129 Rn. 1; Ausführlich zum Schutzinhalt vgl. die Ausführungen unter 3. Teil B. II.

129 Vgl. *Hacker*, in: Ströbele/Hacker, MarkenG, § 128 Rn. 1.

130 BT-Drs. 12/6581, S. 59.

131 *Sosnitza*, MarkenR 2000, 77 (85); BT-Drs. 12/6581, S. 55.

132 BT-Drs. 12/6581, S. 116.

133 *Sosnitza*, MarkenR 2000, 77 (85).

134 BGH, Urteil vom 02.07.1998 – I ZR 55/96, GRUR 1999, 252 (253) – *Warsteiner II*; BGH, Urteil vom 25.01.2001 – I ZR 120/98, BGH, Urteil vom 25.01.2001 – I ZR

Inkrafttreten des MarkenG fortgeführt und dabei von überwiegender Ansicht im Schrifttum[135] unterstützt. Als Gründe[136] werden angeführt, dass die geographischen Herkunftsangaben nicht bestimmten Inhabern zugeordnet werden könnten. Sie beinhalteten kein ausschließliches Recht und passten somit nicht zur Normstruktur der §§ 13, 14 MarkenG, die dem Schutz der Marken und geschäftlichen Bezeichnungen zugrunde lägen. Ferner sei die Aktivlegitimation bei Verletzung der geographischen Herkunftsangaben in § 128 Abs. 1 MarkenG in Verbindung mit § 8 Abs. 3 UWG wettbewerbsrechtlich ausgestaltet, die den Mitbewerbern, Wettbewerbs- und Verbraucherverbänden sowie Industrie- und Handelskammern jeweils die Klagebefugnis einräumten.[137] Auch die fehlende Lizenzierungsmöglichkeit spreche gegen die Einordnung der geographischen Herkunftsangaben als Immaterialgüterrecht. Die geographischen Herkunftsangaben werden als „Fremdkörper" im Markenrecht betrachtet.[138]

d) Zentrale Bedeutung des Verkehrsverständnisses

Die wettbewerbsrechtliche Einordnung der geographischen Herkunftsangaben stellt das Verkehrsverständnis in den Mittelpunkt deren Schutzes.[139] Das Abstellen auf das Verkehrsverständnis fügt sich weitgehend in die Struktur der § 126 ff. MarkenG und ermöglicht deren Auslegung im Lichte des wettbewerbsrechtlichen Schutzzwecks. Denn die Verkehrsauffassung kann bei der Auslegung mehrerer Tatbestandsmerkmale der Schutzvorschriften zur Anwendung kommen. Diese kann unter anderen darüber entscheiden,

- ob überhaupt eine geographische Herkunftsangabe im Sinne des § 126 MarkenG vorliegt,[140]

120/98, GRUR 2001, 420 (422) – *SPA*; BGH, Urteil vom 10.08.2000 – I ZR 126/98, GRUR 2001, 73 (77) – *Stich den Buben*; GRUR 2007, 67 (68) – *Pietra di Soln*; OLG Köln, GRUR-RR 2007, 794 (794) – *Altenburger Ziegenkäse*; GRUR-RR 2014, 41 (42) – *Himalaya Salz*.

135 *Ingerl/Rohnke*, Markengesetz, vor §§ 126 – 139 Rn. 1; *Bornkamm/Feddersen*, in: Köhler/Bornkamm/Feddersen, UWG, § 5 Rn. 4.203; *Sosnitza*, MarkenR 2000, 77 (82ff.); *ders.*, in Ohly/Sosnitza, UWG § 5 Rn. 327; *ders.*, Festschrift Doepner, S. 63 (66 f.); *Busche*, in: Münchener Kommentar zum Lauterkeitsrecht Band 2, § 5 Rn. 692.

136 Vgl. die Zusammenfassung in BGH, Urteil vom 31.03.2016 – I ZR 86/13, GRUR 2016, 741 (742 Rn. 12) – *Himalaya Salz*.

137 *Sosnitza*, MarkenR 2000, 77 (77).

138 *Ingerl/Rohnke*, Markengesetz, vor §§ 126-139 Rn. 1.

139 *Marx*, in: Fezer/Büscher/Obergfell, Lauterkeitsrecht Band 1, S 10 Rn. 15.

140 *Ullmann*, GRUR 1999, 666 (667); *Beier/Knaak*, GRUR Int 1992, 411 (412).

- ob diese eine einfache (§ 127 Abs. 1 MarkenG) oder qualifizierte geographische Herkunftsangabe (§ 127 Abs. 2 MarkenG) oder eine solche mit besonderem Ruf (§ 127 Abs. 3) ist,[141]
- ob ein Produkt dem Ort oder Gebiet der Herkunftsangabe zugeordnet werden kann,[142]
- ob eine Irreführungsgefahr im Rahmen des § 127 Abs. 1 MarkenG besteht,[143]
- ob ein Produkt besondere Qualität im Sinne des 127 Abs. 2 MarkenG aufweist.[144]

Entsprechend ihrer wettbewerbsrechtlichen Interpretation von geographischen Herkunftsangaben hat die alte Rechtsprechung die Maßstäbe für die Irreführung nach § 3 UWG 1909 zunächst auf § 127 Abs. 1 MarkenG übertragen.[145] Bezüglich der Frage zum Verhältnis zwischen §§ 126 ff. MarkenG und Irreführungsbestimmungen des UWG vertrat der BGH ursprünglich die Auffassung, dass die ersteren als spezifische Vorschriften wettbewerbsrechtlicher Natur die letzteren verdrängt, so dass die letzteren nur für Sachverhalte außerhalb §§ 126 ff. MarkenG herangezogen werden dürfen (die sogenannte Vorrangthese).[146]

Für die Annahme einer Irreführungsgefahr nach § 127 Abs. 1 MarkenG reichte ursprünglich aus, dass ein nicht unbeachtlicher Teil der angesprochenen Verkehrskreise irregeführt wird, wobei es ursprünglich auf das Verständnis eines flüchtigen Verbrauchers ankam.[147] Es lag der Rechtsprechung vornehmlich ein empirisches Modell des wettbewerbsrechtlichen Irreführungsverbots zugrunde. Die Irreführung richtet sich nach dem tatsächlichen Verhalten der Verbraucher, die erforderlichenfalls im Wege demoskopischer Gutachten ermittelt werden konnte.[148]

---

141 *Grumbrecht*, Die geografische Herkunftsangabe als Immaterialgut im System des europäischen Rechtsschutzes der geografischen Angaben und Ursprungsbezeichnungen, S. 52.

142 BGH, Urteil vom 22.05.1970 – I ZR 125/68, GRUR 1970, 517 (519) – *Kölsch-Bier.*

143 *Fezer*, Markenrecht, § 127 Rn. 8.

144 *Knaak*, GRUR 1995, 103 (106).

145 BGH, Urteil vom 02.07.1998 – 1 ZR 55/96, GRUR 1999, 252 (255) – *Warsteiner II.*

146 BGH, Urteil vom 02.07.1998 – I ZR 55/96, GRUR 1999, 252 (253ff.) – *Warsteiner II*; BGH, Urteil vom 10.08.2000 – I ZR 126/98, GRUR 2001, 73 (76) – *Stich den Buben.*

147 Vgl. BGH, Urteil vom 29.04.1982 – I ZR 111/80, GRUR 1982, 564 (566) – *Elsässer Nudeln*; BGH, Urteil vom 19.06.1970 – I ZR 72/68, GRUR 1971, 29 (33) – *Deutscher Sekt.*

148 *Fezer*, WRP 1995, 671 (673).

Mit der Liberalisierung des europäischen Wettbewerbsrechts wurde durch die Rechtsprechung des EuGH das europäische Verbraucherleitbild eingeführt, das auf die Sicht eines situationsadäquat aufmerksam, durchschnittlich informierten und verständigen Verbrauchers abstellt.[149] Die Irreführung der Verbraucher ist nach den Maßstäben des EuGH kein empirischer, sondern ein normativer Begriff. Zur Gewährleistung des grenzüberschreitenden Wettbewerbs werden normative Erwartungen an die Verbraucher gestellt, denen in gewissem Umfang zugemutet werden können, sich selbst vor der Irreführung zu schützen.[150] Der BGH hat sich an diesen Maßstab angeschlossen.[151] Diesem europäischen Verbraucherleitbild wurde auch bei der Beurteilung der Irreführungsgefahr nach § 127 Abs. 1 MarkenG zugrunde gelegt.[152]

Auch speziell mit der Irreführung über das Herkunftsland eines Produktes hat sich die Rechtsprechung beschäftigt und dabei Beurteilungskriterien entwickelt. Dabei wurden sowohl § 3 UWG 1909 als auch § 127 Abs. 1 MarkenG als Rechtsgrundlagen herangezogen. Allerding ist die einschlägige Rechtsprechung stark von der Einzelfallkasuistik geprägt. Die Einzelheiten dieser Rechtsprechung werden in dem anschließenden Teil erörtert, der sich ausführlich mit der Angabe von staatlicher Herkunft als spezifischer Form der geographischen Herkunftsangabe auseinandersetzt.[153]

e) Neue Interpretation als gewerbliches Eigentum

Es gibt seit dem Inkrafttreten des Markengesetzes Stimmen, die entgegen der Auffassung der Rechtsprechung eine Anerkennung des subjektiven Rechtscharakters der geographischen Herkunftsangaben durch ihre Normierung im Markengesetz sehen.[154] Nach diesem kennzeichenrechtlichen Verständnis sind die Interessen der berechtigten Benutzer von geographischen Herkunftsangaben nicht nur mittelbar und reflexartig geschützt. Ihnen stünden wie Inhabern von Marken und geschäftlichen Bezeichnungen eigenständige Rechtspositionen an den geographischen Herkunftsangaben zu, denen ebenfalls der Charakter des

149 EuGH, Urteil vom 06.07.1995 – C-470/93, GRUR Int 1995, 804 – *Mars*.

150 *Fezer*, WRP 1995, 671 (676).

151 BGH, Urteil vom 20.10.1999 – I ZR 167/97, GRUR 2000, 619 – *Orient-Teppichmuster*.

152 BGH, Urteil vom 19.09.2001 – I ZR 54/96, GRUR 2002, 160 (162) – *Warsteiner III*; *Scherer*, GRUR 2000, 273 (277); *Büscher*, GRUR Int 2005, 801 (805).

153 Unter 3. Teil C. I. II.

154 *Knaak*, GRUR 1995, 103 (105); *Fezer*, Markenrecht, § 126 Rn. 4 – 8; *Hacker*, in: Ströbele/Hacker, MarkenG, § 126 Rn. 6 – 9; Loschelder, MarkenR 2015, 225 (226 ff.).

Kennzeichens zukämen.[155] Die Personen der Rechtsträger und der Inhalt des Ausschließlichkeitsrechts seien zwar nicht von vorherein bestimmt. Sie seien jedoch nach gewissen Kriterien bestimmbar, was für die Annahme eines ausschließlichen Rechts genüge.[156]

Eine vermittelnde Ansicht stellt bei der Qualifikation als gewerbliches Eigentum auf den konkreten gesetzlichen Schutzinhalt ab. Diese Ansicht spricht den qualifizierten geographischen Herkunftsangaben nach § 127 Abs. 2 MarkenG und den geographischen Herkunftsangaben mit besonderem Ruf nach § 127 Abs. 3 MarkenG, die unabhängig von einer Irreführungsgefahr geschützt sind, die Eigenschaft des subjektiven Rechts zu.[157]

Die kennzeichenrechtliche Interpretation entspricht auch dem Konzept der internationalen und europäischen Schutznormen. In südeuropäischen Ländern ist der Schutz der geographischen Herkunftsangaben so angelegt, um die Benutzer durch die Verwendung der Bezeichnungen wirtschaftlich zu fördern.[158] Sowohl die PVÜ als auch das TRIPS-Übereinkommen beziehen die geographischen Herkunftsangaben in den Schutzbereich des gewerblichen Eigentums ein (vgl. Art. 1 Abs. 2 PVÜ, Art. 22 TRIPS). Der EuGH stuft in seiner ständigen Rechtsprechung die geographischen Herkunftsangaben als gewerbliches und kommerzielles Eigentum im Sinne des Art. 36 Satz 1 AEUV ein.[159]

Die Entwicklung des europäischen Rechts des geistigen Eigentums, insbesondere der Erlass der Durchsetzungsrichtlinie (Richtlinie 2004/48/EG)[160]

---

155 *Grumbrecht*, Die geografische Herkunftsangabe als Immaterialgut im System des europäischen Rechtsschutzes der geografischen Angaben und Ursprungsbezeichnungen, S. 99 ff.

156 *Fezer*, Markenrecht, § 126 Rn. 6; *Grumbrecht*, Die geografische Herkunftsangabe als Immaterialgut im System des europäischen Rechtsschutzes der geografischen Angaben und Ursprungsbezeichnungen, S. 112.

157 *Schröter*, Der Schutz geographischer Herkunftsangaben nach Marken-, Wettbewerbs- und Registerrecht in Deutschland und der Schweiz, S. 153; *Schulte-Beckhausen*, GRUR Int 2008, 984 (988); vgl. auch *Hacker*, in: Ströbele/Hacker, MarkenG, § 126 Rn. 3.

158 Vgl. *Loschelder*, GRUR 2016, 339 (341).

159 EuGH, Urteil vom 10.11.1992 – C-3/91, GRUR Int 1993, 76 (79 Rn. 37, 38) – *Turrón*; EuGH, Urteil vom 20.05.2003 – C-469/00, GRUR 2003, 609 (612 Rn. 49) – *Grana padano*; EuGH, Urteil vom 20.05.2003 – C-108/01, GRUR 2003, 616 (619) – *Prosciutto di Parma*.

160 Richtlinie 2004/48/EG des Europäischen Parlaments und des Rates vom 29. April 2004 zur Durchsetzung der Rechte des geistigen Eigentums (ABl. L157/45, berichtigt ABl. L/195/16).

und seine Umsetzung in das deutsche Recht durch die Novellierung des MarkenG im Jahr 2008, haben einen Richtungswechsel in der Rechtsprechung ausgelöst.[161] Der Durchsetzungsrichtlinie liegt nämlich ein Begriff des geistigen Eigentums zugrunde, der sich an denjenigen des TRIPS-Übereinkommens richtet und auch die geographischen Herkunftsangaben einschließt.[162] An dieses Verständnis hat der deutsche Gesetzgeber bei der Umsetzung der Durchsetzungsrichtlinie angeknüpft.[163]

Dies hat den BGH schließlich dazu bewegt, in der „Himalaya Salz" – Entscheidung vom 31. März 2016 die wettbewerbsrechtliche Betrachtungsweise des Schutzes geografischer Herkunftsangaben aufzugeben und für eine Anerkennung deren kennzeichenrechtlichen Charakter auszusprechen.[164] Der BGH hebt die Entwicklung des EU-Rechts im Bereich der geographischen Herkunftsangaben hervor und schließt sich der früheren gegenteiligen Auffassung in der Literatur an. Dabei weist er auf die Merkmale im MarkenG hin, die für einen kennzeichenrechtlichen Schutz durch die geographischen Herkunftsangaben sprechen. Diese sind vor allem diverse Ansprüche in § 128 MarkenG, die nur den berechtigten Nutzern zugutekommen (Ansprüche auf Vernichtung und Rückruf, Auskunftserteilung, Vorlage und Besichtigung, Sicherung von Schadensersatzansprüchen und Urteilsbekanntmachung).[165]

Einige Instanzgerichte haben sich bereits konzeptionell dem BGH angeschlossen und die kennzeichenrechtliche Natur der geographischen Herkunftsangaben im Grundsatz anerkannt.[166] Es fehlen jedoch konkrete Maßstäbe für deren kennzeichenrechtlichen Schutz. Mit der Zuordnung der geographischen Herkunftsangaben als gewerbliches und geistiges Eigentum wird nicht lediglich über eine dogmatische Rechtsfrage entschieden.[167] Vielmehr ist bei der

161 Siehe *Loschelder*, Festschrift Ahrens, 255 (261), der einen Anschluss an die europäische Entwicklung befürwortet.

162 *Büscher*, GRUR Int 2008, 977 (982).

163 BT-Drs. 16/5048, S. 29; aA *Sosnitza*, WRP 2018, 647 (651): Die Richtlinie hat das Ziel zur Harmonisierung der Rechtsfolgen bei Verletzungen von gewerblichen Schutzrechten, legt diese jedoch nicht fest.

164 BGH, Urteil vom 31.03.2016 – I ZR 86/13, GRUR 2016, 741 (742 Rn. 13) – *Himalaya Salz*.

165 BGH, Urteil vom 31.03.2016 – I ZR 86/13, GRUR 2016, 741 (742 Rn. 13) – *Himalaya Salz*.

166 OLG Stuttgart, Urteil vom 25.07.2019 – 2 U 73/18, BeckRS 2019, 16861 (Rn. 66) – *Hohenloher Landschwein*; LG Düsseldorf, Urteil vom 05.12.2018 – 38 O 152/16, GRUR-RS 2018, 41694 (Rn. 26) – *Chiemseer Hell*; LG Mannheim, Urteil vom 23.09.2016 – 7 O 159/16, BeckRS 2016, 124971 (Rn. 12) – *Schwarzwaldmarie*.

167 Vgl. aber *Kiontke*, ZLR 2016, 710 (712), der aus der Entscheidung keine Auswirkungen auf die Praxis sieht.

Auslegung der einschlägigen Vorschriften, insbesondere der Schutzinhalte der geographischen Herkunftsangaben nunmehr deren kennzeichenrechtlichen Charakter gebührend Rechnung zu tragen.[168] Im Kern geht es darum, dass der Schutzinhalt nicht mehr von einer etwaigen subjektiven Verkehrssicht abhängig sein darf, wie es beim früheren wettbewerbsrechtlichen Schutz der Fall war. Vielmehr müssen im Hinblick auf die Interessen der Ortsansässigen objektive Kriterien zur Bestimmung des Schutzumfangs entwickelt werden.[169] Es drängt sich die Frage auf, ob die bestehenden Regelungen im Markengesetz zum Schutz der geographischen Herkunftsangaben, die jahrzehntelang von der Rechtsprechung nur wettbewerbsrechtlich eingesetzt wurden, einer kennzeichenrechtlichen Interpretation und Anwendung zugänglich sind. Diese Frage soll hinsichtlich des Untersuchungsgegenstands der vorliegenden Arbeit allerdings nicht abstrakt, sondern an späterer Stelle im Zusammenhang mit der staatlichen Herkunft erörtert werden.[170]

f) Verhältnis beider Schutzinstrumente zueinander

Wenn die Vorschriften im Markengesetz über die geographischen Herkunftsangaben ein kennzeichenrechtliches, vom Wettbewerbsrecht losgelöstes Schutzinstrument darstellen, besteht nunmehr kein Anlass mehr, an der oben erwähnten Vorrangthese über das Verhältnis zwischen §§ 126 ff. MarkenG und § 5 UWG festzuhalten. Die beiden Schutzinstrumente stehen vielmehr unabhängig zueinander. Dem wettbewerbsrechtlichen Schutz von geographischen Herkunftsangaben kommt nicht nur die Funktion einer lückenausfüllenden Ergänzung des markengesetzlichen Schutzes zu. Die Anwendung des § 5 UWG erfolgt vielmehr unabhängig von §§ 126 ff. MarkenG (Anspruchskonkurrenz).[171] Dies folgt aus den unterschiedlichen Schutzzwecken des Wettbewerbsrechts und Kennzeichenrechts.[172] Die parallele Geltung beider Schutzinstrumente bedeutet im Grundsatz, dass die Benutzung einer geographischen Herkunftsangabe sowohl wegen Irreführung der Verbraucher als auch wegen Beeinträchtigung der Interessen der Ortsansässigen unzulässig sein kann.

---

168 *Kiefer*, WRP 2016, 1458 (1459 Rn. 6 und 1464 Rn. 45ff.).

169 *Kiefer*, WRP 2016, 1458 (1466 Rn. 58).

170 Vgl. die Ausführungen unter 5. Teil B.

171 *Fezer*, Markenrecht, Vorb §§ 126 – 139 Rn. 3, § 126 Rn. 3; *Dreyer*, in: Harte-Bavendamm/Henning-Bodewig, UWG, § 5 Abs. C Rn. 181; Im Ergebnis auch *Ingerl/Rohnke*, Markengesetz, Vorb §§ 126 – 139, Rn. 9.

172 *Fezer*, Markenrecht, Vorb §§ 126 – 139 Rn. 3, § 126 Rn. 3.

2. *Spezifischer Schutz von einzelnen geographischen Herkunftsangaben*

Im deutschen Recht existiert kein explizit für die Eintragung von geographischen Herkunftsangaben vorgesehenes Register. Spezifischer Schutz von einzelnen geographischen Herkunftsangaben ist dennoch gesetzlich möglich. Das Markengesetz sieht zum einen den Erlass einer Rechtsverordnung nach § 137 MarkenG, zum anderen die Eintragung der geographischen Herkunftsangaben als Kollektivmarken nach § 99 MarkenG vor.[173]

a) Rechtsverordnung nach § 137 MarkenG

Gemäß § 137 Abs. 1 MarkenG ist das Bundesjustizministerium ermächtigt, nähere Bestimmungen über *einzelne* geographische Herkunftsangaben zu treffen. Nach § 137 Abs. 2 MarkenG können in der Rechtsverordnung das Herkunftsgebiet der Angabe (Nr. 1), die Qualität oder sonstige Eigenschaften einer qualifizierten geographischen Herkunftsangabe (Nr. 2) und die Art und Weise der Verwendung (Nr. 3) geregelt werden. Durch eine solche Verordnung können detaillierte Benutzungsvoraussetzungen einer bestimmten geographischen Herkunftsangabe normativ festgelegt werden.[174]

Die praktische Bedeutung dieser Vorschrift ist allerdings sehr gering. Bisher hat das Ministerium nur für den Namen „Solingen" von der Verordnungskompetenz Gebrauch gemacht.[175] Weil die Eintragungen als Kollektivmarken bereits ein gewisses registergebundenes Instrument zum Schutz einzelner geographischen Herkunftsangaben bieten, soll in Zukunft nur restriktiv von der Verordnungsermächtigung Gebrauch gemacht werden.[176]

b) Eintragungen als Kollektivmarken nach §§ 97, 99 MarkenG

Im Gegensatz zu Rechtsverordnungen nach § 137 MarkenG, deren Erlass in der Regel ein entsprechendes rechtspolitisches Interesse voraussetzt, bieten die geographischen Kollektivmarken den gestaltungswilligen Ortsansässigen eine Initiativmöglichkeit, die Entwicklung der geographischen Herkunftsangaben selbst zu beeinflussen.[177] Schon vor dem Inkrafttreten des Markengesetzes war

173 Ausnahmsweise kommt auch die Eintragung einer Individualmarke in Betracht, siehe hierzu *Ingerl/Rohnke*, Markengesetz, § 126 Rn. 2; *Hacker*, in: Ströbele/Hacker, MarkenG, § 99 Rn. 4.

174 Vgl. BT-Drs. 12/6581, S. 123; *Dück*, ZfPW 2018, 76 (93 f.).

175 Solingenverordnung vom 16. Dezember 1994 (BGBl. I S. 3833).

176 *Fezer*, Markenrecht, § 137 Rn. 1; *Hacker*, in: Ströbele/Hacker, MarkenG, § 137 Rn. 1.

177 Vgl. *Tilmann*, Die geographische Herkunftsangabe, S. 351.

es nach der Rechtslage von dem Warenzeichengesetz möglich, geographische Herkunftsangaben als Verbandszeichen einzutragen.[178] Zur Umsetzung des Art. 15 Abs. 2 der ersten Markenrechtsrichtlinie[179] sehen §§ 97, 99 MarkenG vor, dass Zeichen oder Angaben, die im Verkehr zur Bezeichnung der geographischen Herkunft der Waren oder Dienstleistungen dienen, als Kollektivmarken eingetragen werden können. Inhaber von solchen Kollektivmarken können nach § 98 MarkenG nur rechtsfähige Verbände sein, einschließlich der rechtsfähigen Dachverbände und Spitzenverbände, deren Mitglieder selbst Verbände sind. Die Bedingungen für die Benutzung der Kollektivmarke muss in der Markensatzung enthalten sein, deren Einsicht jeder Person freisteht (§ 102 Abs. 2 Nr. 5, Abs. 4 MarkenG). Durch das Instrument der Kollektivmarken enthalten die geographischen Herkunftsangaben über den generellen Schutz durch §§ 126 ff. MarkenG hinaus einen registermäßigen Schutz, der dem Konzept des produktspezifischen Schutzes der EU ähnelt.[180] Allerdings sind die Schutzwirkungen von geographischen Herkunftsangaben als Kollektivmarken im Vergleich zu Individualmarken eingeschränkt. Gemäß § 100 Abs. 1 MarkenG kann der Inhaber der Kollektivmarke einem Dritten die Benutzung der geographischen Herkunftsangabe nicht untersagen, sofern die Benutzung den guten Sitten entspricht und nicht gegen § 127 MarkenG verstößt. Daher richtet sich die Markensatzung in erster Linie an Kollektivinterne und bindet nur eingeschränkt die Kollektivfremde.[181]

Parallele Regelungen mit ähnlichem Schutzinhalt existieren auch in der Unionsmarkenverordnung. Gemäß Art. 74 Abs. 2 Satz 1 können die geographischen Herkunftsangaben als Unionskollektivmarken eingetragen werden. Die Drittbenutzung der geographischen Kollektivmarken ist gemäß Art. 74 Abs. 2 Satz 2 UMV unter dem Vorbehalt der anständigen Gepflogenheiten in Gewerbe oder Handel erlaubt.

Im Hinblick auf die subjektive Rechtsnatur von geographischen Herkunftsangaben könnte das Instrument der Kollektivmarken wegen Möglichkeit der Satzungsgestaltung durch die Ortsansässigen ein höheres Schutzniveau als das generelle Schutzsystem der § 126 ff. MarkenG gewähren. Diese Fragestellung

178 Vgl. BGH, Beschluss vom 03.06.1993 – I ZR 6/91, GRUR 1993, 832 – *Piesporter Goldtröpchen*.

179 Erste Richtlinie 89/104/EWG des Rates vom 21. Dezember 1988 zur Angleichung der Rechtsvorschriften der Mitgliedstaaten über die Marken (ABl. L 40/1).

180 *Schoene*, in: Kur/v. Bomhard/Albrecht, Markenrecht, § 99 Rn. 3.

181 *Schoene*, in: Kur/v. Bomhard/Albrecht, Markenrecht, § 99 Rn. 4.

wird an späterer Stelle im Zusammenhang mit der zukünftigen Entwicklung von „Made in China“ erörtert.[182]

E. Zwischenergebnis

Das Instrument der geographischen Herkunftsangaben befindet sich in einer Zeit des Umbruchs. Auch für den Schutz von Angaben der staatlichen Herkunft bestehen nach dem Kurswechsel des BGH neue dogmatische Rahmenbedingungen. Der wettbewerbsrechtliche Schutz von geographischen Herkunftsangaben nach § 5 UWG werden allerdings nicht obsolet. Vielmehr gilt dieser nach den obigen Ausführungen neben den Vorschriften der §§ 126 MarkenG weiter.[183] Für den Schutz der staatlichen Herkunft und für die Entwicklung von „Made in China“ sind daher die beiden Schutzinstrumente von Bedeutung. Dementsprechend wird im Folgenden zunächst untersucht, wie die staatliche Herkunft bisher im Rahmen des Wettbewerbsrechts geschützt wird und ob dieser Schutz in Zukunft auch von „Made in China“ in Anspruch genommen werden kann. Danach ist zu untersuchen, wie das neue Konzept des kennzeichenrechtlichen Schutzes auf die staatliche Herkunft und auf „Made in China“ auswirkt und welche Schutzmöglichkeiten sich daraus ergeben.

---

182 Unter 5. Teil C.

183 Vgl. die Ausführungen unter 2. Teil C. III. 1. d).

3. Teil: Die Angabe der staatlichen Herkunft als spezifische Form der geographischen Herkunftsangabe

Nachdem die dogmatischen Grundlagen der geographischen Herkunftsangaben im vorherigen Teil dargestellt werden, widmet sich der vorliegende Teil einer spezifischen Form der geographischen Herkunftsangaben, nämlich der Angabe einer staatlichen Herkunft und insbesondere des „Made in" – Kennzeichens. Dass die Angabe einer staatlichen Herkunft wie „Made in China" formell eine geographische Herkunftsangabe darstellen kann, ist bereits nach dem Wortlaut des § 126 Abs. 1 MarkenG möglich. Die Legaldefinition schließt die Namen von Ländern ausdrücklich als mögliche Schutzgegenstände ein. In der Praxis kann die Angabe des Herkunftslands die Funktion einer geographischen Herkunftsangabe erfüllen. Das Beispiel von „Made in Germany" zeigt bereits, dass das Herkunftsland eines Produkts in zahlreichen Situationen ein wichtiges Produktmerkmal darstellen und die Kaufentscheidung der Verbraucher beeinflussen kann. Die Bedeutung der staatlichen Herkunft soll zunächst unter (A.) in einem wirtschaftlichen Zusammenhang betrachtet werden.

Anschließend ist die Stellung der staatlichen Herkunft in der Rechtsordnung unter (B.) zu untersuchen. Die rechtliche Bedeutung der staatlichen Herkunft beschränkt sich jedoch nur auf das Gebiet der geographischen Herkunftsangaben. Vor allem im Unionszollrecht und Unionslebensmittelrecht kommt der staatlichen Herkunft als Anknüpfungspunkt für zahlreiche Maßnahmen eine enorme Bedeutung zu. Insbesondere liefern die dortigen Maßstäbe zur Bestimmung des Herkunftslands wichtige Erkenntnisse für den Schutz der geographischen Herkunftsangaben.

Schließlich soll unter (C.) die bisherige wettbewerbsrechtliche Rechtsprechung zur Angabe der staatlichen Herkunft analysiert werden. Es werden dort die gerichtlichen Maßstäbe in einzelnen Fällen zur Behandlung der Irreführung über die staatliche Herkunft dargestellt, um zu zeigen, ob ein wettbewerbsrechtlicher Schutz für „Made in China" zukünftig möglich ist.

A. Die wirtschaftliche Bedeutung der staatlichen Herkunft

Die Bedeutung des Herkunftslands für die Kaufentscheidung eines Verbrauchers ist längst in der Wissenschaft bekannt. Vor allem unter dem Begriff

„Country-of-Origin-Effekt" wird der kognitive, affektive und normative Einfluss der Imagewahrnehmung eines Landes auf die Entscheidung eines Konsumenten untersucht.[184]

Das Image des Herkunftslandes, also das Vorstellungsbild des Betrachters von den wirtschaftlichen, gesellschaftlichen, kulturellen Eigenschaften dieses Landes, seinen Institutionen und Einwohnern,[185] kann die Akzeptanz der Produkte aus diesem Land maßgeblich mitprägen. Es wurde erkannt, dass die Auskunft über das Herkunftsland dem Verbraucher die Kaufentscheidung erleichtert, und zwar vor allem in Situationen, in denen er sich dabei nicht die Zeit und Geduld nehmen kann oder will, sich genauer über das Produkt zu informieren.[186] Das Herkunftsland vereinfacht die Beurteilungs- und Entscheidungsprozesse der Konsumenten und ermöglicht ihnen eine rasche Entscheidung ohne großen kognitiven Aufwand zu treffen.[187] Das Herkunftsland zählt in diesem Fall zu den wenigen Produkteigenschaften, die die Kaufentscheidung beeinflussen.[188] Die Herkunftskennzeichen fungieren dabei als Entscheidungshilfe und Informationsträger.[189] Dieser vereinfachte Entscheidungsprozess mit Hilfe des Herkunftslands gilt heutzutage im Hinblick auf das enorme Wachstum der E-Commerce umso mehr, als die Verbraucher im Online-Handel keine Möglichkeit der Inaugenscheinnahme der Waren vor deren Kauf haben.

Anders als bei Herkunft aus einem Unternehmen, einer Stadt oder einer Region wird bei Herkunft aus einem Land in der Regel an ein relativ weit gefasstes Kollektiv, nämlich an einen Staat angeknüpft. Diese Anknüpfung hat zur Folge, dass sehr viele Faktoren die Betrachtung des jeweiligen Produktes beeinflussen und ihm die Identität verleihen können. So kann die Identität eines Produkts von den geographischen, pedologischen, klimatischen, technischen und menschlichen Komponenten seines Herkunftslandes bestimmt werden.[190]

---

184 Vgl. die Definition des Begriffs in *Breu*, Der Country-of-Origin-Effekt, S. 14; Vgl. ferner *Schirrmann*, Lokale Produktherkunft und Konsumentenverhalten, S. 50 ff. mit einem Überblick auf den Forschungsstand.

185 *Kühn*, ZFP 1993, 119 (120); *Breu*, Der Country-of-Origin-Effekt, S. 16.

186 *Gimpl*, Nation Branding, S. 121.

187 *Lebrenz*, Länderimages: Einflussfaktor und Bedeutung für das Konsumentenverhalten, S. 30; vgl. auch *Möller*, Landesimage und Kaufentscheidung, S. 46.

188 *Lebrenz*, Länderimages: Einflussfaktor und Bedeutung für das Konsumentenverhalten, S. 3.

189 Vgl. BVerfG, Beschluss vom 22.05.1979 – 1 BvL 9/75, GRUR 1979, 773 (777) – *Weinbergsrolle*; BGH, Urteil vom 29.04.1982 – I ZR 111/80, GRUR 1982, 564 (566) – *Elsässer Nudeln*; *Tilmann*, Die geographische Herkunftsangabe, S. 22.

190 *Eberli*, GRUR Int 2011, 20 (33).

Ein solches Vorstellungsbild ist sehr vielen diffusen Einflüssen ausgesetzt und lässt sich durch gezielte staatlichen Maßnahmen schwer beeinflussen.[191] Während eine positive Vorstellung über das Herkunftsland eine höhere Preisbereitschaft bewirken kann,[192] kann ein Made-in-Label aus einem Billiglohnland das Produkt entscheidend abwerten und seinen Verkauf erschweren.[193] Zudem kann die Länderbezeichnung den Verbrauchern die Möglichkeit geben, „patriotische" Kaufentscheidungen zu treffen und die Produkte des eigenen Landes zu bevorzugen.[194] Dadurch kann der Zugang ausländischer Produkte zum Inlandsmarkt erschwert werden.

B. Die Stellung der staatlichen Herkunft in der Rechtsordnung

I. Staatliche Herkunft im Unionszollrecht

Eine unmittelbare rechtliche Bedeutung hat die staatliche Herkunft von Produkten vor allem im Unionszollrecht. Gemäß Art. 28 AEUV bildet die Europäische Union ein einheitliches Zollgebiet. Auf dieser Rechtsgrundlage bestehen zahlreiche Regelungen, die den Außenhandel der Europäischen Union zu den Drittländern steuern. Dazu gehören auch die Ursprungsregeln, die den Zweck verfolgen, das Herkunftsland einer Ware zu bestimmen, damit bestimmte zollrechtlichen Rechtsfolgen an den Ursprung der Ware angeknüpft werden können.[195] Im Bereich des EU-Zollrechts sind die Regelungen zur Bestimmung des Ursprungs von Waren in Art. 59 – 64 des Unionszollkodexes[196] (UZK),

---

191 *Kühn*, ZFP 1993, 119 (120).

192 *Tscheulin/Davoine*, Vertrauen in Herkunftsbezeichnung und Verbraucherpatriotismus, S. 12; *Dück*, WRP 2013, 1296 (1297).

193 *Gimpl*, Nation Branding, S. 121.

194 Dieses Phänomen wird als „Verbraucherpatriotismus" bezeichnet. Vgl. *Tscheulin/Davoine*, Vertrauen in Herkunftsbezeichnung und Verbraucherpatriotismus, S. 1; Dieses Phänomen wird ferner durch die oben angeführte Umfrage der Statista GmbH belegt. Befragte aus Deutschland beurteilen deutsche Produkte insgesamt deutlich positiver als Produkte aus anderen traditionellen Industrieländern wie Großbritannien oder USA, vgl. Statista, Wahrnehmung von Produkten aus ausgewählten Ländern in Deutschland im Jahr 2017; 80 Prozent der Befragten aus China beurteilen chinesische Produkte positiv, siehe Statista, Wahrnehmung von Produkten aus China in ausgewählten Ländern im Jahr 2017.

195 *Prieß/Stein*, in: Witte, UZK, Vorb Art. 59 – 68, Rn. 4.

196 Verordnung (EU) Nr. 952/2013 des Europäischen Parlaments und des Rates vom 9. Oktober 2013 zur Festlegung des Zollkodex der Union.

Art. 31 – 70 der delegierten Verordnung zum UZK[197] (UZK-DelVO) und Art. 57 – 126 der Durchführungsverordnung des UZK[198] (UZK-DVO) enthalten.[199] Der UZK sieht eine grundlegende systematische Differenzierung zwischen Präferenzursprung (Art. 64 UZK) und nichtpräferenziellem Ursprung (Art. 59–63 UZK) vor.

Der Präferenzursprung ist darauf gerichtet, bestimmten Drittländern einseitig oder gegenseitig zolltarifliche Vorzugsbehandlung zu gewähren.[200] Er kann entweder durch Freihandelsabkommen oder durch autonome Rechtsakt der EU begründet werden.[201] Die Voraussetzungen für einen präferenziellen Ursprung werden durch die Verhandlung zwischen den Parteien eines Freihandelsabkommens bzw. autonom durch die Auswahl der begünstigten Länder festgelegt.[202] Ein solcher präferenzieller Ursprung ermöglicht einem EU-Unternehmen, seine Waren zollfrei zu importieren oder zu exportieren.[203] Es liegt jedoch grundsätzlich in seinem Ermessen, ob es von der Präferenzbehandlung Gebrauch macht. Eine Ware muss also nicht von Gesetzes wegen zwingend einen präferenziellen Ursprung aufweisen.[204]

Der nichtpräferenzielle Ursprung dient im Wesentlichen als Anknüpfungspunkt von handelspolitischen Maßnahmen.[205] Anders als beim Präferenzursprung erfolgt im Rahmen des nichtpräferenziellen Ursprungs eine zwingende Zuordnung zu einem bestimmten Herkunftsland. Dafür stellen Art. 59 – 63 UZK die Rechtsgrundlage für die Festlegung des nichtpräferenziellen Ursprungs dar. Als zentrale Vorschrift gilt Art. 60 UZK. Nach Art. 60 Abs. 1 UZK gelten Waren, die in einem einzigen Land oder Gebiet vollständig gewonnen oder hergestellt worden sind, als Ursprungswaren dieses Landes oder Gebiets. Für den Fall der internationalen arbeitsteiligen Produktion

---

197 Delegierte Verordnung (EU) 2015/2446 der Kommission zur Ergänzung der Verordnung (EU) Nr. 952/2013 des Europäischen Parlaments und des Rates mit Einzelheiten zur Präzisierung von Bestimmungen des Zollkodex der Union.

198 Durchführungsverordnung (EU) 2015/2447 der Kommission mit Einzelheiten zur Umsetzung von Bestimmungen der Verordnung (EU) Nr. 952/2013 des Europäischen Parlaments und des Rates zur Festlegung des Zollkodex der Union.

199 *Prieß/Stein*, in: Witte, UZK, Vorb Art. 59 – 68, Rn. 1.

200 *Prieß/Stein*, in: Witte, UZK, Vorb Art. 59 – 68, Rn. 1.

201 Vgl. Art. 64 Abs. 1 in Verbindung mit Art. 56 Abs. 2 lit. d und e UZK.

202 *Felderhoff*, Der Ursprung als Grundlage handelspolitischer Maßnahmen, S. 53; Vgl. Art. 64 Abs. 2 und 3 UZK.

203 *Felderhoff*, Der Ursprung als Grundlage handelspolitischer Maßnahmen, S. 52.

204 *Felderhoff*, Der Ursprung als Grundlage handelspolitischer Maßnahmen, S. 53.

205 *Felderhoff*, Der Ursprung als Grundlage handelspolitischer Maßnahmen, S. 53.

sieht Art. 60 Abs. 2 UZK vor, dass es im Wesentlichen auf dasjenige Land oder Gebiet ankommt, in dem die letzte wesentliche Be- oder Verarbeitung der Ware stattgefunden hat. Die „letzte wesentliche Be- oder Verarbeitung“ gilt somit als das entscheidende Tatbestandsmerkmal des Art. 60 Abs. 2 UZK. Die anderen Merkmale der Vorschrift spielen in der Praxis kaum eine Rolle.[206]

Der Festlegung des nichtpräferenziellen Ursprungs kommt im Handelsverkehr mit Drittländern eine enorme Bedeutung zu. Denn verschiedene handelspolitische Maßnahmen, die beispielsweise zum Antidumping oder zur Antisubvention eingesetzt werden, setzen einen eindeutigen Warenursprung voraus. Nur so kann gewährleistet werden, dass Schutzmaßnahmen zugunsten der EU-Industrie nicht ausgehöhlt werden.[207]

Auch wenn die Regelungen über den nichtpräferenziellen Ursprung einen ganz anderen Zweck verfolgen als die Vorschriften der geographischen Herkunftsangaben, bieten die Ersteren im Kontext der Globalisierung eine gesetzliche Grundlage zur Ermittlung der staatlichen Herkunft eines Produkts nach objektiven Maßstäben. Deshalb gibt es in der Rechtsprechung und Literatur Überlegungen, die Maßstäbe des UZK bei der Ermittlung des Herkunftslands im Rahmen des § 127 Abs. 1 MarkenG heranzuziehen.[208] Die Erörterung dieses Lösungsansatzes erfolgt an späterer Stelle.[209]

Trotz der hohen wirtschaftlichen Bedeutung der staatlichen Herkunft und der entsprechend großen Informationsinteressen der Verbraucher ist allerdings festzustellen, dass es heutzutage innerhalb der EU, anders beim Export nach manchen Nicht-EU-Ländern[210], noch keine allgemeine Verpflichtung besteht, die staatliche Herkunft von Produkten in Form eines „Made in“ - Kennzeichens ausdrücklich anzugeben.[211] Auch die deutsche Rechtsordnung kennt keine allgemeine Verpflichtung zur Kennzeichnung der staatlichen Herkunft. Es gibt zum Beispiel keine staatliche Institution in Deutschland, die die Angabe wie etwa „Made in Germany“ amtlich bestätigt.[212] Vielmehr erfolgt die Kennzeichnung der staatlichen Herkunft von Produkten auf eigene Verantwortung

---

206 *Felderhoff*, Der Ursprung als Grundlage handelspolitischer Maßnahmen, S. 132.

207 *Prieß/Stein*, in: Witte, UZK, Vorb. Art. 59 – 68, Rn. 7.

208 Vgl. OLG Köln, Urteil vom 13.06.2014 - 6 U 156/13, GRUR-RR 2015, 7 (9) – *Schmiedekolben*.

209 Unter 5. Teil B. II. 2. a).

210 Vgl. IHK Stuttgart, Ursprungskennzeichnung (CoOL) in 108 Drittländern.

211 Eine Ausnahme stellt die lebensmittelrechtliche Kennzeichnungspflicht dar, siehe die Ausführungen gleich unter 3. Teil B. III.

212 *Gündling*, GRUR 2007, 921 (921).

ihrer Hersteller oder Betreiber im Rahmen der wettbewerbsrechtlichen und kennzeichenrechtlichen Grenzen. Es gab zwar eine Initiative der Europäischen Kommission, eine einheitliche „Made in" – Kennzeichnungspflicht einzuführen. Aufgrund des Widerstands einiger Mitgliederstaaten, darunter auch Deutschland, konnte sich das Vorhaben nicht durchsetzen.[213]

II. Staatliche Herkunft als geographische Herkunftsangabe

Vor diesem Hintergrund bilden die Vorschriften der geographischen Herkunftsangaben praktisch das wichtigste Steuerungsinstrument für die Kennzeichnung der staatlichen Herkunft von Produkten. Zwar muss die staatliche Herkunft grundsätzlich nicht auf den Produkten markiert werden, um etwa die Verbraucher aktiv darüber zu informieren. Die Staatliche Herkunft darf allerdings nicht unter Verstoß gegen § 127 MarkenG eingesetzt werden. Diese negativ formulierte Vorschrift bezweckt somit zumindest in ihrem Rahmen mittelbar eine „korrekte Angabe" des Herkunftslands. Da § 127 MarkenG drei Arten von geographischen Herkunftsangaben kennt und unterschiedliche Verbotsnormen vorsieht, hängt seine Wirkung auf die staatliche Herkunft davon ab, welche Art der geographischen Herkunftsangaben eine staatliche Herkunft darstellt.

1. Schutz als einfache geographische Herkunftsangabe

Für die einfachen geographischen Herkunftsangaben wird entsprechend der wettbewerbsrechtlichen Tradition in Deutschland und in Anlehnung an UWG ein Irreführungsschutz in § 127 Abs. 1 MarkenG angeordnet. Nach dieser Vorschrift dürfen geographische Herkunftsangaben im geschäftlichen Verkehr nicht für Waren oder Dienstleistungen benutzt werden, die nicht aus dem Ort, der Gegend, dem Gebiet oder dem Land stammen, das durch die geographische Herkunftsangabe bezeichnet wird, wenn bei der Benutzung solcher Namen, Angaben oder Zeichen für Waren oder Dienstleistungen anderer Herkunft eine Gefahr der Irreführung über die geographische Herkunft besteht. Diese Vorschrift stellt die erste Stufe des generellen Schutzes dar und steht allen geographischen Herkunftsangaben offen.[214] Für die staatliche Herkunft bedeutet

---

213 *Ludwig*, EU drückt bei Label-Pflicht auf die Bremse; Ferner wäre eine von einem Mitgliedstaat angeordnete Pflicht zur Kennzeichnung der staatlichen Herkunft mit der Warenverkehrsfreiheit nicht vereinbar, vgl. EuGH, Urteil vom 25.04.1985 – C-207/83, GRUR Int 1986, 112 – *Origin Making*; *Ahrens*, GRUR Int 1997, 508 (514).

214 Vgl. *Hacker*, in: Ströbele/Hacker, MarkenG, § 127 Rn. 1.

es nach dem Wortlaut dieser Vorschrift: Ein Land darf nicht bei einem Produkt als dessen Herkunft angegeben werden, wenn es nicht aus diesem Land stammt und bei der Benutzung dieser Herkunftsangabe eine Gefahr der Irreführung besteht. In Bezug auf die staatliche Herkunft bereitet die Anwendung dieser Vorschrift vor allem dann Probleme, wenn ein Produkt mit einer einzigen staatlichen Herkunft bezeichnet (z.B. mit „Made in Germany") wird, während das Produkt Produktionsschritte in mehreren Ländern durchlaufen hat. Es bleibt im Einzelnen umstritten, welche Kriterien für die Bestimmung des Herkunftslandes gelten sollen und aus welcher Perspektive die Beurteilung vorzunehmen ist. Vor allem hat der Schutzzweck der Vorschrift (Schutz der Verbraucher vor Irreführung oder der berechtigten Ortsansässigen vor missbräuchlicher Nutzung), der bei deren Auslegung zugrunde gelegt werden soll, einen erheblichen Einfluss auf die Problemlösung. Mit der Fallkonstellation hat sich die Rechtsprechung bereits im Rahmen des wettbewerbsrechtlichen Schutzes mehrfach auseinandergesetzt. Diese wird unter dem Punkt C. ausführlich dargestellt. Hinsichtlich der Neuinterpretation der Rechtsnatur der geographischen Herkunftsangaben bedarf es ferner einer Untersuchung, wie § 127 Abs. 1 MarkenG im Lichte des Kennzeichenschutzes auszulegen ist und wie sich eine solche Auslegung auf die zukünftige Entwicklung von „Made in China" auswirkt. Dieser Untersuchung widmen sich die Ausführungen unter 5. Teil B. II.

2. *Schutz als qualifizierte geographische Herkunftsangabe*

Fraglich ist, ob die staatliche Herkunft über den Irreführungsschutz des § 127 Abs. 1 hinaus einen erweiterten Schutz als qualifizierte geographische Herkunftsangabe im Sinne des § 127 Abs. 2 MarkenG genießt. Die qualifizierten geographischen Herkunftsangaben – das sind nach § 127 Abs. 2 MarkenG besondere Eigenschaften oder eine besondere Qualität aufweisen – genießen unabhängig vom Vorliegen einer Irreführungsgefahr einen Qualitätsschutz.[215] Solche geographischen Herkunftsangaben dürfen beim Fehlen solcher Eigenschaften oder besonderen Qualität auch dann nicht benutzt werden, wenn das betreffende Produkt aus dem angegebenen Ort stammt. Somit genießen die qualifizierten geographischen Herkunftsangaben einen zusätzlichen Schutz, der über den Irreführungsschutz nach § 127 Abs. 1 MarkenG hinausgeht.[216] Aus Sicht der Ortsansässigen ist für ihre Herkunftsangaben ein dauerhafter Rechtsschutz auf hohem Niveau nur dann realisierbar, wenn die Benutzung ihrer

215 *Fezer*, Markenrecht, § 127 Rn. 18.
216 *Loschelder*, Festschrift Tilmann, S. 403 (405).

Angaben über die Anforderung des geographischen Ursprungs hinaus von weiteren, idealerweise von ihnen selbst definierten objektiven und qualitativen Bedingungen abhängig gemacht wird. Das Schutzkonzept des § 127 Abs. 2 MarkenG entspricht zwar im Ansatz diesem Anliegen. Es besteht allerdings weder die Möglichkeit für die Ortsansässigen, die Entstehung und Entwicklung der Eigenschaften und Qualität im Sinne dieser Vorschrift zu beeinflussen, noch kann sich die Öffentlichkeit in irgendeiner Weise über die Qualitätsmerkmale informieren. Daher hat § 127 Abs. 2 MarkenG in der Rechtsprechungspraxis bislang kaum eine Rolle gespielt und es ist dem Verfasser zum Zeitpunkt der Fertigstellung dieser Arbeit noch kein Fall bekannt, in dem ein Gericht das Vorliegen einer qualifizierten geographischen Herkunftsangabe im Sinne des § 127 Abs. 2 MarkenG angenommen hat.[217] Lediglich im Rahmen des § 5 UWG wurden vor dem Inkrafttreten des MarkenG einige qualifizierte geographischen Herkunftsangaben anhand der Verkehrserwartung angenommen.[218] Ein genuiner Qualitätsschutz ist im Rahmen des § 127 Abs. 2 MarkenG noch nicht entstanden. Vor diesem Hintergrund kommt ein Schutz der staatlichen Herkunft durch § 127 Abs. 2 MarkenG aus strukturellen Gründen nicht in Betracht.[219]

Es soll an späterer Stelle[220] untersucht werden, aus welchen Gründen dieser Schutz bislang immer ausscheidet und ob es im Hinblick auf die Neuinterpretation der Rechtsnatur der geographischen Herkunftsangaben für „Made in China" in Zukunft eine Möglichkeit besteht, kennzeichenrechtlichen Schutz unter dieser Vorschrift zu erlangen.

3. *Schutz als geographische Herkunftsangabe mit besonderem Ruf*

Einen Sonderfall des Schutzes von geographischen Herkunftsangaben enthält § 127 Abs. 3 MarkenG. Diese Vorschrift gewährt geographischen Herkunftsangaben mit besonderem Ruf über den Irreführungsschutz nach § 127 Abs. 1

---

217 Es gibt vereinzelte Entscheidungen, in denen das Gericht zu den Voraussetzungen der qualifizierten geographischen Herkunftsangaben Stellung genommen, das Vorliegen eines solchen im konkreten Fall aber abgelehnt hat: BGH, Urteil vom 10.08.2000 – I ZR 126/98, GRUR 2001, 73 – *Stich den Buben*; OLG Jena, Urteil vom 18. 9. 2002 – 2 U 244/02, GRUR-RR 2003, 77 – *Halberstädter Art*; OLG Stuttgart, Urteil vom 25.07.2019 – 2 U 73/18, BeckRS 2019, 16861 – *Hohenloher Landschwein*.

218 BGH, Urteil vom 15.01.1969 – I ZR 52/67, GRUR 1969, 280 – *Scotch Whisky*; BGH, Urteil vom 04.07.1985 – I ZR 54/83, GRUR 1986, 316 – *Urselters*.

219 Vgl. *Dück*, WRP 2011, 1107 (1108), der den Schutz nach § 127 Abs. 2 MarkenG für „Made in Germany" wegen Vielfältigkeit der erfassten Produkte ablehnt.

220 5. Teil B. III.

MarkenG hinaus einen weiteren Schutz. Diese dürfen im geschäftlichen Verkehr für Waren oder Dienstleistungen anderer Herkunft nicht benutzt werden, wenn die Benutzung geeignet ist, den Ruf oder die Entscheidungskraft der geographischen Herkunftsangaben ohne Rechtfertigungsgrund unlauter auszunutzen oder zu beinträchtigen. Die Vorschrift des § 127 Abs. 3 MarkenG ist an den Bekanntheitsschutz der Marken nach § 14 Abs. 2 Nr. 3 MarkenG angelehnt.[221] Sie hat ihre Wurzel in der Rechtsprechungspraxis des BGH zum ergänzenden wettbewerbsrechtlichen Schutz bekannter Marken gegen Rufausbeutung und -schädigung.[222] Zentrale Voraussetzung für den Schutz nach § 127 Abs. 3 MarkenG ist das Vorliegen eines besonderen Rufs, der laut der amtlichen Entwurfsbegründung in der Bekanntheit oder Berühmtheit der Angabe liegen kann.[223] Jedoch reicht die bloße quantitative Bekanntheit unter der Bevölkerung allein nicht aus, um den besonderen Ruf zu begründen. Vielmehr handelt es sich bei dem Ruf um positive qualitative Vorstellungen, die der mit der geographischen Herkunftsangabe im Zusammenhang bringt.[224] § 127 Abs. 3 MarkenG ist allerdings kein Unterfall des § 127 Abs. 2 MarkenG.[225] Der Ruf muss nicht auf konkreten objektiven Produktmerkmalen beruhen. Vielmehr kann dieser durch subjektive Wertschätzung der Verkehrskreise begründet werden.[226]

Für die staatliche Herkunft, die nicht nach § 127 Abs. 2 MarkenG geschützt werden kann und trotzdem ein schutzwürdiges Ansehen im Verkehr genießt, kann durch § 127 Abs. 3 MarkenG insoweit eine Schutzlücke gefüllt werden. Es wird in der Literatur und Rechtsprechung diskutiert, ob beispielsweise die Bezeichnung „Made in Germany" unter diesen Schutz gestellt werden kann.[227]

---

221 *Hacker*, in: Ströbele/Hacker, MarkenG, § 127 Rn. 33; *Fezer*, Markenrecht, § 127 Rn. 22.

222 *Hacker*, in: Ströbele/Hacker, MarkenG, § 127 Rn. 33; *Omsels*, Geografische Herkunftsangaben, S. 243.

223 BT-Drs. 12/6581, S. 118.

224 *Hacker*, in: Ströbele/Hacker, MarkenG, § 127 Rn. 34.

225 *Ingerl/Rohnke*, Markengesetz, § 127 Rn. 15.

226 BGH, Urteil vom 22.09.2011 – I ZR 69/04, GRUR 2012, 394 (398) – *Bayerisches Bier II*; OLG München, Urteil vom 22.03.2001 – 29 U 3755/00, GRUR-RR 2002, 64 (66) – *Habana*; *Hacker*, in: Ströbele/Hacker, MarkenG, § 127 Rn. 34; *Fezer*, Markenrecht, § 127 Rn. 22.

227 Vgl. *Dück*, „Made in Germany" zwischen Auslaufmodell und Gütesiegel, S. 55 ff.; *ders.*, WRP 2001, 1107 (1109); *Mey/Eberli*, GRUR Int 2014, 321 (326); OLG Braunschweig, Urteil vom 20.11.2018 – 2 U 22/18, WRP 2019, 228 (232 Rn. 54) – ® *GERMANY GMBH*, das einen Rufschutz für sämtliche in Deutschland hergestellten

Es wird an späterer Stelle[228] untersucht, ob „Made in China“ in Zukunft ein Schutz für „Made in China“ nach § 127 Abs. 3 MarkenG in Betracht kommt.

III. Staatliche Herkunft im Unionslebensmittelrecht

Als einen weiteren Regelungsgegenstand für die staatliche Herkunft ist das Unionslebensmittelrecht zu nennen, das hinsichtlich der Angabe des Herkunftslands eine Schnittstelle zwischen Unionszollrecht und dem Irreführungsschutz der geographischen Herkunftsangaben darstellt. Das Ursprungsland gilt im Lebensmittelrecht als wichtige Produkteigenschaft und Verbraucherinformation, obwohl dort spezielle Kriterien zur Bestimmung des Ursprungslands fehlen. Daher wird im Lebensmittelrecht auf den nichtpräferenziellen Ursprung des Unionszollrechts verwiesen. Nach Art. 7 Abs. 1 lit. a der Lebensmittelinformationsverordnung[229] (LMIV) dürfen Informationen über Lebensmittel unter anderen in Bezug auf das Ursprungsland nicht irreführend sein. Hinsichtlich des Begriffs des Ursprungslands verweist Art. 2 Abs. 3 LMIV wiederum auf die Bestimmungen des Unionszollrechts, so dass die Produktherkunft nicht wie beim Wettbewerbsrecht verkehrsorientiert, sondern nach den objektiven Bestimmungen der Art. 59 – 63 UZK festgelegt wird.[230] Abgesehen von diesem allgemeinen Irreführungsverbot sieht Art. 26 Abs. 2 lit. a LMIV sogar vor, dass eine Angabe des Ursprunglands obligatorisch ist, wenn ohne diese Angabe eine Irreführung der Verbraucher über das Ursprungsland vorliegen würde. Diese Vorschrift stellt allerdings keine genuine Kennzeichnungspflicht dar und ist letztendlich nur eine von mehreren Optionen, um einen Verstoß gegen das allgemeine Irreführungsverbot nach Art. 7 Abs. 1 lit. a LMIV zu vermeiden.[231]

Waren nach § 127 Abs. 3 MarkenG für zu weitgehend hält und lediglich den Schutz für Kraftfahrzeuge oder Erzeugnisse der Maschinenbau in Erwägung zieht.

228 5. Teil B. IV.

229 „Verordnung (EU) Nr. 1169/2011 des Europäischen Parlaments und des Rates vom 25. Oktober 2011 betreffend die Information der Verbraucher über Lebensmittel und zur Änderung der Verordnungen (EG) Nr. 1924/2006 und (EG) Nr. 1925/2006 des Europäischen Parlaments und des Rates und zur Aufhebung der Richtlinie 87/250/EWG der Kommission, der Richtlinie 90/496/EWG des Rates, der Richtlinie 1999/10/EG der Kommission, der Richtlinie 2000/13/EG des Europäischen Parlaments und des Rates, der Richtlinien 2002/67/EG und 2008/5/EG der Kommission und der Verordnung (EG) Nr. 608/2004 der Kommission (ABl. L 304/18).

230 *Kiefer*, Geographischer Irreführungsschutz, S. 195.

231 *Böhm*, Die verpflichtende Herkunftsbezeichnung in der Lebensmittelinformationsverordnung, S. 158.

Nennenswert ist ferner die verpflichtende Ursprungsangabe bei Obst und Gemüse nach Art. 76 Abs. 1 Verordnung (EU) Nr. 1308/2013[232]. Nach dieser Vorschrift dürfen Obst und Gemüse, die frisch an den Verbraucher verkaufen werden sollen, nur mit Angabe des Ursprungslands in den Verkehr gebracht werden. Anders als bei dem Irreführungsverbot nach der LMIV handelt es sich hier um eine positive Informationspflicht gegenüber dem Verbraucher. Bei der Bestimmung des Ursprunglands werden wiederum Art. 59 – 63 UZK herangezogen. Der obligatorische Charakter dieser Angabe führt zu dem teilweise absurden Ergebnis, dass das nach dem Zollrecht ermittelte Herkunftsland möglicherweise der Verkehrserwartung eindeutig widerspricht und eine etwaige Täuschung des Verkehrs hingenommen werden muss.[233] Dieses Ergebnis zeigt, dass sich der Konflikt zwischen objektiven Maßstäben und subjektiven Verkehrswahrnehmungen bei einer positiven Verpflichtung zur Angabe der staatlichen Herkunft zuspitzen kann. Bei Rechtsschutz der staatlichen Herkunft als geographischer Herkunftsangabe soll im Grundsatz an negativ formulierten Schutzansprüchen festgehalten werden.

C. Rechtsprechung zum wettbewerbsrechtlichen Schutz der staatlichen Herkunft

Bisher hat die staatliche Herkunft die Rechtsprechung überwiegend im Kontext des wettbewerbsrechtlichen Irreführungsschutzes beschäftigt. Die Mehrheit der einschlägigen Entscheidungen betrifft die Anwendung der staatlichen Herkunft aus Deutschland bzw. „Made in Germany“. Im Folgenden sollen die relevanten Entscheidungen in ihren Grundzügen vorgestellt werden, um den aktuellen Status dieses mittelbaren, reflexartigen Rechtsschutzes für die staatliche Herkunft darzustellen.

---

232 Verordnung (EU) Nr. 1308/2013 des Europäischen Parlaments und des Rates vom 17. Dezember 2013 über eine gemeinsame Marktorganisation für landwirtschaftliche Erzeugnisse und zur Aufhebung der Verordnungen (EWG) Nr. 922/72, (EWG) Nr. 234/79, (EG) Nr. 1037/2001 und (EG) Nr. 1234/2007 des Rates (ABl. L347/671).

233 Vgl. in diesem Zusammenhang den langen Rechtstreit hinsichtlich der korrekten Angabe des Ursprunglands von Champignons, die in den Niederlanden gezüchtet, erst kurz vor der Ernte nach Deutschland transportiert und schließlich mit Angabe „Ursprung: Deutschland“ verkauft wurde: BGH, Urteil vom 16.01.2020 – I ZR 74/16, WRP 2020, 456 – *Kulturchampignons II*; EuGH, Urteil vom 04.09.2019 – C-686/17, GRUR 2019, 1067 – *Kulturchampignons*; OLG Stuttgart, Urteil vom 10.03.2016 – 2 U 63/15, LRE 74, 401 – *Kulturchampignons*; LG Ulm, Urteil vom 10.04.2015 – 11 O 19/14 – *Kulturchampignons*.

I. Rechtsprechung des BGH

Der BGH hatte bisher nur wenige Gelegenheiten, sich mit geographischen Herkunftsangaben in Form einer staatlichen Herkunft auseinanderzusetzen. Es werden im Folgenden die wichtigsten einschlägigen Entscheidungen zusammengefasst.

1. „Ski-Sicherheitsbindung"

In dem Urteil „Ski-Sicherheitsbindung"[234] aus dem Jahr 1973 hatte sich der BGH mit einem Fall zu befassen, in dem eine deutsche Firma für auf Grund einer französischen Lizenz hergestellte Produkte mit der Formulierung „ein deutsches Spitzenerzeugnis" warb. Für die Frage, wann ein Produkt als „deutsch" bezeichnet werden darf, verlangt der BGH im Rahmen von § 3 UWG 1909 unter dem Verweis auf die Parallele zur geographischen Herkunftsbezeichnung im Grundsatz, dass es „an einer nennenswerten ausländischen Beteiligung" fehlen müsse.[235] Die Ware müsse „von der Konzeption bis zur technisch-fabrikatorischen Fertigstellung" von Deutschen stammen und in Deutschland gefertigt sein.[236] Eine ausländische Beteiligung ist nach der Auffassung des BGH zwar möglich. Jedoch müssten die Eigenschaften oder Bestandteile der Waren, die in den Augen des Publikums deren Werte ausmachen, auf einer deutschen Leistung beruhen. Maßgeblich sei die Wertschätzung in den Augen des Publikums.[237] In dieser Grundsatzentscheidung legte BGH vor dem Hintergrund der Globalisierung eine qualitativ-wertende Betrachtung für die Bestimmung des Herkunftslands der Produkte fest und erteilte einer quantitativ-statischen Beurteilung eine Absage.[238] Das Produkt muss nach seinen Maßstäben nicht in sämtlichen Schritten in Deutschland hergestellt werden. Es reicht, wenn diejenigen Eigenschaften, die aus der Sicht des Publikums den Marktwert ausmachen, auf einer deutschen unternehmerischen Leistung beruhen.[239]

---

234 BGH, Urteil vom 23.03.1973 – I ZR 33/72, GRUR 1973, 594 – *Ski-Sicherheitsbindung*.
235 BGH, Urteil vom 23.03.1973 – I ZR 33/72, GRUR 1973, 594 (595) – *Ski-Sicherheitsbindung*.
236 BGH, Urteil vom 23.03.1973 – I ZR 33/72, GRUR 1973, 594 (595) – *Ski-Sicherheitsbindung*.
237 BGH, Urteil vom 23.03.1973 – I ZR 33/72, GRUR 1973, 594 (595) – *Ski-Sicherheitsbindung*.
238 *Slopek/Napiorkowski*, WRP 2012, 426 (428).
239 *Gündling*, GRUR 2007, 921 (923).

2. *„Produktionsstätte"*

Die Herkunft aus der Schweiz war Gegenstand des BGH-Urteils „Produktionsstätte"[240] aus dem Jahr 1994. Die Beklagte im Ausgangsverfahren ließ ihre Leuchtstoffröhren in Fernost produzieren und vertrieb diese in Deutschland unter der Kennzeichnung „N-L. K. M. Zürich" auf ihrer Verpackung, die nach Ansicht der Beklagten lediglich auf den Unternehmenssitz in der Schweiz hinweisen sollte. Ferner argumentierte die Beklagte, dass es dem Verkehr inzwischen bekannt sei, dass viele Unternehmen ihre Produkte nicht in dem Land herstellten, in dem sie ihren Sitz hätten. Außerdem sei das Herstellungsland Schweiz für die Verkehrserwartung nicht bei allen Produkten von Bedeutung. Dies könne etwa bei Schokolade oder Uhren der Fall sein. Bei Leuchtstoffröhren genieße die Schweiz als Herstellungsland keinen besonderen Ruf. Der BGH verweist auf seine Rechtsprechung zu § 3 UWG 1909, nach der die Verwendung einer Bezeichnung der Firma auf die Herkunft der Ware hinzuweisen geeignet ist und im Falle unzutreffender Angabe dem Verbot des § 3 UWG 1909 unterliegt. Stehe eine irrige Vorstellung des Verkehrs über die Herkunft der Ware fest, genüge es für den Irreführungstatbestand bzw. für das Verbot, wenn die Herkunftsangabe irgendwie für den Kaufentschluss von Bedeutung sei bzw. wenn der Käufer die Herkunft der Ware in seine Überlegungen einbeziehe. Im Zweifel sei von einer solchen wettbewerbsrechtlichen Relevanz auszugehen. Es sei nicht danach weiter zu fragen, ob das bezeichnete Land wegen eines besonderen Rufs für den Verkehr von Bedeutung sein könne.[241]

3. *„KONDOME – Made in Germany"*

Im Jahr 2014 und zum ersten Mal nach dem Inkrafttreten des MarkenG hatte BGH erneut die Gelegenheit, sich mit der wettbewerbsrechtlichen Zulässigkeit der Angabe des Herkunftslandes zu befassen. Im Beschluss „KONDOME – Made in Germany"[242] ging es um die Zulässigkeit der Angaben „Made in Germany" für Kondome, die als Latexrohlinge aus dem Ausland bezogen und in Deutschland befeuchtet und verpackt sowie auf Dichtigkeit und Reißfestigkeit überprüft wurden. Unter Verweis unter anderen auf das Urteil „Ski-Sicherheitsbindung" hat BGH die Grundsätzlichkeit der

---

240 BGH, Urteil vom 13.10.1994 – I ZR 96/92, GRUR Int 1995, 411 – *Produktionsstätte.*

241 BGH, Urteil vom 13.10.1994 – I ZR 96/92, GRUR Int 1995, 411 (412) – *Produktionsstätte.*

242 BGH, Beschluss vom 27.11.2014 – I ZR 16/14, GRUR-RR 2015, 209 – *Kondome Made in Germany*; Siehe ferner die Zusammenfassung in *Bartenbach/Jung/Renvert*, MittdtschPatAnw 2016, 8.

Rechtsfragen verneint und daher die Nichtzulassungsbeschwerde des beklagten Unternehmens zurückgewiesen. Erneut auf Grundlage des Wettbewerbsrechts, diesmal auf § 5 Abs. 1 Satz 2 Nr. 1 UWG 2008[243], stellt der BGH im Anschluss an das Urteil *„Ski-Sicherheitsbindung"* auf die Sicht des Verkehrs bei der Beurteilung der Richtigkeit der Angabe „Made in Germany" ab.[244] Der BGH geht von dem Grundsatz aus, dass der Verkehr die internationale Arbeitsteilung kennt und deshalb im Allgemeinen nicht erwartet, dass alle Produktionsvorgänge an einem Ort standfinden. Bei einem Industrieprodukt wisse der Verkehr allerdings, dass die Qualität ganz überwiegend der Güte und Art seiner Verarbeitung verdanke. Daher beziehe er die Angabe eines Herkunftslands grundsätzlich auf dasjenige Land, in dem das Produkt seine für die Verkehrsvorstellung maßgebende Qualität und charakteristischen Eigenschaften erhalte.[245] Unter Berücksichtigung dieses Maßstabs habe das Berufungsgericht zu Recht angenommen, dass es aus Sicht des Verbrauchers maßgeblich auf die Fertigung ankomme, die dem Kondom seine wesentlichen Eigenschaften der Dichtigkeit und Reißfestigkeit verleihe.[246] Der BGH geht ferner noch auf die in der Literatur vertretene Auffassung ein, die bei der Beurteilung von „Made in Germany" die zollrechtliche Regelung des Art. 24 der Verordnung (EG) 2913/92[247] heranzieht und danach fragt, ob die letzte wesentliche Be- oder Verarbeitung in Deutschland stattfindet. Dieser Auffassung erteilt der BGH aufgrund der Maßgeblichkeit der Verkehrsauffassung im Wettbewerbsrecht eine ausdrückliche Absage.[248] Schließlich befasst sich der BGH noch mit der Frage, inwiefern die Einhaltung der Qualitätsstandards bei der Interpretation von „Made in Germany" eine Rolle spielt. Der

---

243 Gesetz gegen den unlauteren Wettbewerb vom 3. Juli 2004 (BGBl. I S. 1414), zuletzt geändert durch Artikel 5 des Gesetzes vom 21. Dezember 2006 (BGBl. I S. 3367), in der Fassung eines Ersten Gesetzes zur Änderung des Gesetzes gegen den unlauteren Wettbewerb vom 22.12.2008 (BGBl. 2008 I S. 2949). Diese Norm entspricht der aktuellen Fassung des 5 Abs. 1 Satz 2 Nr. 1 UWG.

244 BGH, Beschluss vom 27.11.2014 – I ZR 16/14, GRUR-RR 2015, 209 (210, Rn. 14 – 21) – *Kondome Made in Germany.*

245 BGH, Beschluss vom 27.11.2014 – I ZR 16/14, GRUR-RR 2015, 209 (210, Rn. 15) – *Kondome Made in Germany.*

246 BGH, Beschluss vom 27.11.2014 – I ZR 16/14, GRUR-RR 2015, 209 (210, Rn. 17) – *Kondome Made in Germany.*

247 Die Norm entspricht Art. 60 Abs. 2 UZK.

248 BGH, Beschluss vom 27.11.2014 – I ZR 16/14, GRUR-RR 2015, 209 (210, Rn. 19) – *Kondome Made in Germany.*

BGH stellt auf den Wortlaut des Begriffs („Made in“ stehe nach dem geläufigen Anglizismus für „Hergestellt in“) ab und interpretiert diesen im Sinne eines Hinweises auf den Fertigungsprozess in Deutschland.

II. Instanzgerichtliche Rechtsprechung

In der Rechtsprechung der Instanzgerichte wird überwiegend im Einklang mit der BGH-Rechtsprechung auf die Verkehrssicht im konkreten Fall abgestellt, wobei die Gerichte zur Bestimmung der Verkehrsauffassung jeweils die Einzelfallumstände berücksichtigen und unterschiedliche Beurteilungskriterien anwenden.

So hielt das OLG Stuttgart in einem Beschluss[249] aus dem Jahr 1995 unter Verweis auf die internationale Arbeitsteilung die Angabe „Made in Germany“ erst dann für unzulässig, wenn „zahlreiche wesentliche Teile“ des Produkts aus dem Ausland stammen.[250]

In einem Fall mit Chinabezug haben LG Düsseldorf[251] und OLG Düsseldorf[252] die Kennzeichnung „Made in Germany“ eines Besteckssets als Verstoß gegen § 127 MarkenG angesehen, das jeweils aus sechs Messern, Gabeln, Löffel und Kaffeelöffel bestand, die bis auf die Messer sämtlich in Deutschland hergestellt wurden. Lediglich die Messer wurden in China erhitzt, geschmiedet, der Klingenbereich umschnitten, gehärtet und geschliffen und anschließend in Deutschland mehrfach poliert. Das LG Düsseldorf befand, dass allein die Arbeitsschritte der Messer, die in China stattfänden, so wesentlich seien, dass der Verkehr die Nachbehandlung in Deutschland nicht mehr als Produktion des Messers verstehe, sondern hierin eine reine Überarbeitung sehe. Auch wenn das Polieren einen maßgeblichen Schritt für die Qualität des Messers darstelle, sei das Messer selbst zu einem großen Teil bereits fertig, wenn es nach Deutschland geliefert werde. Insbesondere sei die Klinge schon geschliffen, die in den Augen der Verbraucher maßgeblich für die Qualität des Messers sei. Nach Auffassung des Gerichts kommt den Messern ein höherer Stellenwert als den Gabeln und Löffeln zu, weil sie in der Regel am häufigsten gebraucht würden und besondere Funktionen aufwiesen, die Gabeln und Löffel nicht erfüllen

---

249 OLG, Beschluss vom 10.11.1995 – 2 U 124/95, NJWE-WettbR 1996, 53.

250 OLG, Beschluss vom 10.11.1995 – 2 U 124/95, NJWE-WettbR 1996, 53 (54).

251 LG Düsseldorf, Urteil vom 14.07.2010 – 2a O 12/10, WRP 2010, 1420 – *„Made in Germany“ bei Bestecken.*

252 OLG Düsseldorf, Urteil vom 05.04.2011 – 20 U 110/10, WRP 2011, 939 – *„Made in Germany“ bei Bestecken.*

müssten.[253] Zudem hebt das LG Düsseldorf zudem ausdrücklich hervor, dass es unerheblich sei, ob die Messer in China mit Hilfe deutscher Technologie hergestellt würden. Maßgeblich sei allein der Herstellungsort und nicht die Herstellungsart.[254] Noch strenger bewertet das OLG Düsseldorf die Verkehrserwartung im konkreten Fall und verlangt aufgrund der besonderen Herausstellung des Herkunftslands auf dem Produkt sogar, dass sämtliche Teile des beworbenen Bestecks in Deutschland hergestellt werden müssten.[255]

In dem Urteil „Schmiedekolben“[256] hat das OLG Köln sowohl die quantitative zollrechtliche Wertschöpfungsquote als auch die qualitative Erwartung der Kunden an den konkreten Produkten berücksichtigt. Ebenfalls in seine Entscheidung einbezogen hat das Gericht ferner den Einsatz des deutschen Knowhow und die technische Ausstattung aus Deutschland.[257] Das OLG Köln befand, dass die Angabe „Made in Germany“ bei einem Motorkolben, dessen Rohling in Italien geschmiedet wird und sonstigen Herstellungsschritte in Deutschland stattfinden, weder nach § 5 UWG noch nach § 127 MarkenG irreführend sei.[258]

Während es in den oben genannten Fällen um die Frage nach dem erforderlichen Anteil der Herstellungsschritte in Deutschland geht, behandeln die folgenden zwei Fälle die Frage, inwieweit ein deutsches Unternehmen, das seine Produktion nach China auslagert, seinen Unternehmenssitz in Deutschland durch wörtlichen Hinweis auf dem Produkt hervorheben darf, ohne die Verbraucher über den Herstellungsort zu irreführen.

So hatte das OLG Frankfurt[259] zu beurteilen, ob die Verwendung einer Marke, die den Wortbestandteil „Germany“ enthält, eine Irreführung nach § 127 MarkenG darstellen kann. Das beklagte Unternehmen ist Inhaber von der Unionsbildmarke[260], die für handbetätigte Werkzeuge eingetragen ist und wörtlich wie „Vogel® Germany“ wiedergegeben wird. Im Streitfall verwendete

---

253 LG Düsseldorf, Urteil vom 14.07.2010 – 2a O 12/10, WRP 2010, 1420 (1422) – *„Made in Germany“ bei Bestecken.*

254 LG Düsseldorf, Urteil vom 14.07.2010 – 2a O 12/10, WRP 2010, 1420 (1422) – *„Made in Germany“ bei Bestecken.*

255 OLG Düsseldorf, Urteil vom 05.04.2011 – 20 U 110/10, WRP 2011, 939 (940) – *„Made in Germany“ bei Bestecken.*

256 OLG Köln, Urteil vom 13.06.2014 – 6 U 156/13, GRUR-RR 2015, 7 – *Schmiedekolben.*

257 OLG Köln, Urteil vom 13.06.2014 – 6 U 156/13, GRUR-RR 2015, 7 (9) – *Schmiedekolben.*

258 OLG Köln, Urteil vom 13.06.2014 – 6 U 156/13, GRUR-RR 2015, 7 (8) – *Schmiedekolben.*

259 OLG Frankfurt, Urteil vom 15.10.2015 – 6 U 161/14, GRUR-RR 2016, 74 – *Vogel® Germany.*

260 Eingetragen unter der Registernummer 000229567.

das Unternehmen die Marke auf den Verpackungen und Hologramm-Stickern seiner Werkzeuge, die vollumfänglich in China hergestellt wurden. Eine ausdrückliche Bezeichnung als „Made in Germany" erfolgte nach Angaben des Unternehmens nur bei seinen tatsächlich in Deutschland hergestellten Produkten.[261] Unter Bezugnahme auf das BGH-Urteil „Produktionsstätte" nimmt das OLG Frankfurt an, dass die plakative Angabe „Vogel Germany" aus Sicht des angesprochenen Verkehrs einen Hinweis auf den Herstellungsort enthalte und es somit eine irreführende geographische Herkunftsangabe gemäß § 127 MarkenG vorliege. Zwar sei es dem Verkehr geläufig, dass heimische Markenartikelhersteller ihre Produkte teilweise in Fernost herstellen lassen. Der Verkehr erwarte allerdings in diesem Fall, dass auf dem Produkt nicht nur auf den Unternehmenssitz, sondern auch unmissverständlich auf den Herstellungsort mit Angaben wie „Made in China" hingewiesen werde.[262] Das Verbot der Verwendung der Bezeichnung „Germany" sei nicht unverhältnismäßig, weil das betroffene Unternehmen die Irreführung problemlos durch klarstellende, entlokalisierende Zusätze wie „Made in China" vermeiden könne.[263]

Das OLG Braunschweig[264] hatte sich mit einem ähnlich gelagerten Fall zu befassen, kam jedoch zu einem anderen Ergebnis. Die Beklagte im konkreten Fall ist Inhaberin der Unionsmarke „k." und der Wort-Bildmarke „k. GERMANY GMBH". Letztere Marke stimmt in ihrem Wortlaut auch mit der Firma der Beklagten überein. Die Beklagte hat in China hergestellte Werkzeuge mit dem Hinweis „k.® Germany GmbH" vertrieben und wurden deswegen von dem klagenden Wettbewerbsverband wegen Irreführung der Verbraucher auf Unterlassung verklagt. Das OLG Braunschweig befindet zunächst, dass in dem Hinweis „k.® Germany GmbH" kein Hinweis auf die geographische Herkunft des Produkts, sondern lediglich ein Hinweis auf den Unternehmenssitz liege. Maßgeblich für diese Beurteilung sei der Bestandteil „GmbH", die als Rechtsformbezeichnung eines Unternehmens allgemein bekannt sei.[265] Anschließend

---

261 OLG Frankfurt, Urteil vom 15.10.2015 – 6 U 161/14, GRUR-RR 2016, 74 (76 Rn. 23) – *Vogel® Germany.*

262 OLG Frankfurt, Urteil vom 15.10.2015 – 6 U 161/14, GRUR-RR 2016, 74 (76 Rn. 25) – *Vogel® Germany.*

263 OLG Frankfurt, Urteil vom 15.10.2015 – 6 U 161/14, GRUR-RR 2016, 74 (76 Rn. 26) – *Vogel® Germany.*

264 OLG Braunschweig, Urteil vom 20.11.2018 – 2 U 22/18, WRP 2019, 228 – *® GERMANY GMBH.*

265 OLG Braunschweig, Urteil vom 20.11.2018 – 2 U 22/18, WRP 2019, 228 (230 Rn. 33) – *® GERMANY GMBH.*

widmet sich das Gericht der hypothetischen Frage, ob ein Verstoß gegen § 127 MarkenG anzunehmen wäre, wenn die Bezeichnung als Hinweis auf den Herstellungsort zu verstehen wäre, und verneint diese ebenfalls. Die Beklagte habe ein berechtigtes Interesse daran, auf dem Produkt ihre Firma blickfangmäßig zu Werbezwecken herauszustellen, das Interesse der Verbraucher am Schutz vor Irreführung überwiege.[266] Ferner werde ein durchschnittlich informierter und verständiger Verbraucher das Rückseitenetikett des Produkts in Augenschein nehmen und auf den Hinweis „Made in P.R.C" stoßen. Unabhängig von der Frage, ob er die Abkürzung „P.R.C" als „People's Republic of China" verstehe, sei ihm jedenfalls klar, dass Deutschland nicht der Herstellungsort sei.[267]

III. Zusammenfassung und Bewertung der bisherigen Rechtsprechung

1. Zwei Grundkonstellationen

Je nach dem Verteidigungsverhalten des jeweiligen Beklagten kann bei den oben zitierten Entscheidungen nach Auffassung des Verfassers zwischen zwei Grundkonstellationen differenziert werden.

In der ersten Konstellation, repräsentiert von Entscheidungen „Produktionsstätte"[268] und „Vogel® Germany"[269], stammt das fragliche Produkt unstreitig nicht aus dem Land (der Schweiz bzw. Deutschland), das den Gegenstand der irreführenden geographischen Herkunftsangabe bildet. Das beklagte Unternehmen hat auch nicht ausdrücklich mit einem „Made in" – Label für sein Produkt geworben. Der Vorwurf liegt aber darin, dass die Kennzeichnung des Unternehmenssitzes durch den Beklagten aus Sicht des angesprochenen Verkehrs eine geographische Herkunftsangabe des Produkts darstellt, die als unzutreffend und somit irreführend bewertet werden soll. In einer solchen Fallkonstellation geht es in erster Linie um die Feststellung der sogenannten wettbewerbsrechtlichen Relevanz vom Herkunftsland. Diese wird aber grundsätzlich vermutet, so dass der Beklagte die Beweislast dafür trägt, dass das

---

266 OLG Braunschweig, Urteil vom 20.11.2018 – 2 U 22/18, WRP 2019, 228 (231 Rn. 40 ff.) – *® GERMANY GMBH*.

267 OLG Braunschweig, Urteil vom 20.11.2018 – 2 U 22/18, WRP 2019, 228 (231 Rn. 45) – *® GERMANY GMBH*.

268 BGH, Urteil vom 13.10.1994 – I ZR 96/92, GRUR Int 1995, 411 – *Produktionsstätte*.

269 OLG Frankfurt, Urteil vom 15.10.2015 – 6 U 161/14, GRUR-RR 2016, 74 – *Vogel® Germany*.

Herkunftsland keinen Einfluss auf die Käuferentscheidung hat.[270] Es kommt auch nicht darauf an, ob der Verkehr das jeweilige Herkunftsland mit gewissen Qualitätsvorstellungen verbindet. Um die irrige Annahme des Herkunftslands durch den Verkehr zu verhindern, kommt die Anwendung eines „entlokalisierenden Zusatzes“ in Betracht. Dem „Made in“ – Label kommt in diesem Kontext sogar eine umgekehrte Bedeutung zu. Durch deren Nutzung soll eine Irreführung nicht begründet, sondern gerade abgewendet werden.

Die zweite Konstellation betrifft die Mehrheit der zitierten Entscheidungen. Dort hat die Herstellung eines Produkts in mehreren Ländern stattgefunden und der Betreiber bewirbt sein Produkt lediglich mit einem verallgemeinerten Hinweis (etwa „Made in Germany“), der die Herkunftsangabe von lediglich einem Land enthält und vom Verkehr auch so eindeutig verstanden wird. Im Gegensatz zur ersten Konstellation steht hier das Vorliegen einer geographischen Herkunftsangabe als solcher aus Sicht des Verkehrs außer Frage. Im Rahmen der konkreten Interpretation der Herkunftsangabe ist allerdings umstritten, welche Produktionsanteile hinter dem fraglichen Herkunftsland stehen müssen, so dass die geographische Herkunftsangabe für insgesamt zutreffend gehalten werden und das Unternehmen diese für seine Produkte verwenden darf.

2. *Mangelnde Rechtssicherheit*

Die Rechtsprechung lässt in beiden Konstellationen die Linie eines wettbewerbsrechtlichen, lediglich mittelbaren Schutzes von geographischen Herkunftsangaben eindeutig erkennen. Es geht bei den zitierten Entscheidungen im Kern darum, dass der Verbraucher bei seinem Umgang mit den geographischen Herkunftsangaben, in welcher Form auch immer, nicht zu einer nachteiligen Kaufentscheidung verleitet werden soll. Zum einen bestimmt sich bereits die Frage, ob eine Angabe überhaupt als Hinweis auf das Herkunftsland bzw. geographische Herkunftsangabe verstanden wird, nach der Verkehrsauffassung.[271] Zum

270 Siehe BGH, Urteil vom 13.10.1994 – I ZR 96/92, GRUR Int 1995, 411 (412) – *Produktionsstätte.*: „Kann einer Angabe über die geographische Herkunft einer Ware die wettbewerbsrechtliche Relevanz im Sinne des § 3 UWG nicht abgesprochen werden, bedarf es vielmehr umgekehrt der Feststellung besonderer Gründe, dass die unzutreffenden Herkunftserwartungen für den Kaufentschluss des getäuschten Publikums keine beachtenswerte Bedeutung haben.“; Vgl. ferner *Helm*, Festschrift Vieregge, S. 335 (349f.); *Gloy*, Festschrift Piper S. 543 (549 ff.).

271 Siehe *Marx*, in: Fezer/Büscher/Obergfell, Lauterkeitsrecht Band 1, S 10 Rn. 54 ff.

anderen zieht die Rechtsprechung bei der umstrittenen Frage über die Zulässigkeit der Angabe von einer staatlichen Herkunft wie „Made in Germany" stets das Verständnis des angesprochenen Verkehrs heran. Der Unterlassungsanspruch wird teils auf die Irreführung nach § 5 UWG (bzw. § 3 UWG 1909) und teils auf die Irreführung nach § 127 Abs. 1 MarkenG gestützt, ohne dass unterschiedliche Anwendungsmaßstäbe zwischen den beiden Vorschriften erkennbar sind. Vor dem Hintergrund der wettbewerbsrechtlichen Interpretation der geographischen Herkunftsangaben wurde die Rechtsprechung zu der Irreführung nach § 3 UWG 1909 weitgehend auf § 127 Abs. 1 MarkenG übertragen.

Die bisherige wettbewerbsrechtliche Handhabung von „Made in Germany" trägt an sich der Globalisierung und der damit verbundene internationalen Produktionsbeteiligung Rechnung. Die Zugrundelegung des europäischen Verbraucherleitbilds ermöglicht in solchen Fällen eine Abwägung der Qualitätsvorstellungen der Verbraucher einerseits und der Interessen der Unternehmen an Teilnahme an der Globalisierung anderseits.[272] Das Produkt muss nämlich nicht in sämtlichen Schritten in Deutschland hergestellt werden. Es reicht und ist auch notwendig, wenn diejenigen Eigenschaften, die aus der Sicht des Publikums den Marktwert des Produkts maßgeblich ausmachen, auf einer deutschen unternehmerischen Leistung beruhen.[273]

Andererseits lässt die Anforderung, dass die Qualität begründenden Herstellungsschritte aus Sicht des angesprochenen Verkehrs in Deutschland erfolgen müssen, kaum allgemein brauchbare Kriterien für die Praxis erkennen.[274] Durch die Einzelfallprüfungen besteht ein hohes Maß an Ungewissheit für die Praxis.[275] Aufgrund der Durchsetzung des europäischen Verbraucherleitbilds kommt es bei der Ermittlung der maßgeblichen Verkehrssicht jedoch nicht mehr auf das Ergebnis eines etwaigen demoskopischen Gutachtens an. Stattdessen steht hinter dem formalen Abstellen auf die Verkehrssicht in der Tat die „eigene Sachkunde" des Gerichts.[276] Denn der Richter sieht sich in der Regel in der Lage, das Verkehrsverständnis ohne sachverständige Hilfe zu beurteilen,

---

272 *Gündling*, GRUR 2007, 921 (923).

273 *Gündling*, GRUR 2007, 921 (923).

274 *Slopek*, GRUR-Prax 2011, 291.

275 *Dück*, „Made in Germany" zwischen Auslaufmodell und Gütesiegel, S. 5; *Ziegenaus*, GRUR-Prax 2014, 440.

276 *Kiefer*, Geographischer Irreführungsschutz, S. 71; *Dück*, WRP 2015, 695 (696); Vgl. OLG Düsseldorf, Urteil vom 05.04.2011 – 20 U 110/10, WRP 2011, 939 – *„Made in Germany" bei Bestecken*; BGH, Urteil vom 26.04.1974 – I ZR 19/73, NJW 1974, 1559.

wenn er meistens selbst zu den angesprochenen Verkehrskreisen zählt.[277] Das Gericht legt jedoch praktisch einen deskriptiven Maßstab zugrunde, ohne jegliche demoskopische Untersuchung vorgenommen zu haben.[278] Insbesondere bei komplexen Industrieprodukten ist eine Beurteilung nach der Verkehrsauffassung praktisch unmöglich.[279]

3. *Wertschätzung aus ortsgebundenen menschlichen Leistungen*

Es ist auf der einen Seite überzeugend, dass der BGH entgegen der in der Literatur teilweise vertretenen Ansicht an dem Wortlaut des Begriffs festhält und die bloße Einhaltung „deutscher" Qualitätsanforderungen für die Verwendung von „Made in Germany" nicht genügen lässt. Denn die komplette Abkopplung von dem Ort der Fertigungsprozesse würde die staatliche Herkunft eines Produkts in Sinnlosigkeit treiben, was ihrer hohen wirtschaftlichen Bedeutung nicht gerecht wäre. Auf der anderen Seite liegt dem Verlangen nach dem maßgeblichen Herstellungsschritt in Deutschland durch die Rechtsprechung im Grunde genommen die qualitative Wertung zugrunde, dass allein die Tatsache, dass ein Fertigungsschritt in Deutschland stattfindet, nach allgemeiner Vorstellung der Verbraucher bereits als positives Produktmerkmal bewertet werden soll. Diese Vermutung ist aber nur dann gerechtfertigt, wenn man davon ausgeht, dass allein die Herkunft aus Deutschland unabhängig von der konkreten Produktkategorie und dem Preissegment ein hohes Ansehen beim Verbraucher genießt. Der Grundgedanke hinter den Maßstäben des wettbewerbsrechtlichen Schutzes von der Herkunftsangabe „Made in Germany" beruht letztendlich nicht nur auf dem Schutzbedürfnis der Verbraucher, die nicht über die staatliche Herkunft eines Produktes getäuscht werden dürfen, sondern auch auf der von der Angabe getragenen abstrakten Wertschätzung, die zwar durch die positive Meinung des Verbrauchers gegenüber der deutschen Herkunft in Erscheinung tritt, ihre Wurzel jedoch in den menschlichen Leistungen, der sich in Deutschland befindlichen Produzenten, hat.

IV. Alternative Vorschläge in der Literatur

Die mangelnde Rechtssicherheit bei der wettbewerbsrechtlichen Handhabung der staatlichen Herkunft durch die Rechtsprechung hat in der Literatur Anlass

277 Vgl. BGH, Urteil vom 02.10.2003 – I ZR 150/01, GRUR 2004, 244 (245) – *Marktführerschaft.*
278 *Dück*, ZfPW 2018, 76 (104).
279 *Dück*, ZfPW 2018, 76 (105).

für mehrere alternative Vorschläge gegeben. So wird zum einen vorgeschlagen, dass beim subjektiven Verständnis von dem Begriff „Made in Germany" mehr auf die Qualitätserwartungen abzustellen und von der wörtlichen Bedeutung des „Made in", also „Hergestellt in", zu lösen ist.[280] Wenn „Made in Germany" inhaltlich eher als „Garantiert deutsche Qualitätsstandards" zu verstehen wäre, könnten schon die Einhaltung von Qualitätsstandards, der Rückgriff auf deutsche Know-how oder die Gewährleistung deutscher Produktsicherheitsvorschriften zur Verwendung „Made in Germany" berechtigen.[281]

Zum anderen wird versucht, die Kennzeichnung „Made in Germany" an objektive, normative Kriterien anzuknüpfen und dabei bestehende Normen in anderen Rechtsgebieten heranzuziehen.[282] Demnach kann zunächst die sachenrechtliche Norm von § 950 BGB eine Hilfestelle für die Zuordnung des Herstellungslandes bei mehrstufigen Produktionsprozessen anbieten.[283] Die Verarbeitung eines Ausgangsstoffes in Deutschland werde bei deren sinngemäßer Anwendung die Herkunft aus Deutschland begründen, wenn die Verarbeitung das Wesen des Ausgangsstoffes ändere und eine neue „Sache" entstehen lasse.[284] Ferner könne die zollrechtliche Herkunftsbestimmung, nämlich Art. 24 ZK[285], eine geeignete Kennzeichnungsgrundlage darstellen.[286] Maßgeblich für die Anwendung des Art. 24 ZK sei dann die Bestimmung der Höhe des Wertschöpfungsanteils für die in Deutschland stattgefundenen Fertigungsschritte. Es wird dabei eine prozentuale Spannbreite von 37,5% bis 45 % als Wertuntergrenze angenommen.[287]

Solche Bemühungen um konkrete Anwendungsmaßstäbe zielen darauf ab, bei der Festlegung der Produktherkunft den Einfluss der subjektiven

---

280 *Klein/Sieger*, GRUR-Prax 2013, 57 (58).

281 *Klein/Sieger*, GRUR-Prax 2013, 57 (58).

282 *Dück*, GRUR 2013, 576 (582); *ders.*, „Made in Germany" zwischen Auslaufmodell und Gütesiegel, S. 157 ff.; Die Anknüpfung an objektiven Maßstäben bei der Auslegung des Irreführungsbegriffs des § 127 MarkenG trägt auch der Rechtsnatur der geographischen Herkunftsangabe als geistigem Eigentum besser Rechnung, vgl. *Kiefer*, WRP 2016, 1458 (1464).

283 *Gündling*, GRUR 2007, 921 (923).

284 *Bassenge*, in: Palandt, § 950 Rn. 3; *Füller*, in: Münchener Kommentar zum BGB, § 950 Rn. 7.

285 Verordnung (EWG) Nr. 2913/92 des Rates vom 12. Oktober 1992 zur Festlegung des Zollkodex der Gemeinschaften (ABl. L 302/1); Diese Verordnung wurde durch den aktuellen UZK ersetzt und Art. 60 Abs. 2 UZK entspricht inhaltlich Art. 24 ZK.

286 *Dück*, „Made in Germany" zwischen Auslaufmodell und Gütesiegel, S. 159 ff..

287 *Dück*, GRUR 2013, 576 (581).

Verkehrsauffassung möglichst gering zu halten und stattdessen nach objektiven Kriterien zu verfahren. Sie können allerdings nichts an dem Grundsatz ändern, dass die subjektive Verkehrssicht bei einem wettbewerbsrechtlichen Irreführungsschutz im Mittelpunkt steht. Es zählt gerade nicht die objektive, sondern die subjektiv empfundene Wahrheit.[288] Objektiv wahre Angaben können bei Hervorrufen unrichtiger Vorstellungen beim Verkehr irreführend sein.[289] Umgekehrt kann der Vorwurf der Irreführung bei objektiv falschen Angaben entfallen, wenn der Verkehr keine Fehlvorstellung mit denen verbindet.[290] Dogmatisch ist die bisherige Behandlung von „Made in Germany" durch die Rechtsprechung mit dem wettbewerbsrechtlichen Grundsatz vereinbar. Die kritisierte Rechtsunsicherheit ist vielmehr dem Umstand geschuldet, dass ein „Made in" – Kennzeichen, anders als die „klassischen" geographischen Herkunftsangaben, die in der Regel nur eine bestimmte Art von Produkten aus einem relativ eingegrenzten Gebiet betreffen, kaum sachliche und örtliche Grenzen kennt und somit die Feststellung von der Verkehrsauffassung enorm erschwert. Da sich die Vorstellungen über die qualitätsbegründenden Merkmale je nach dem Produkt stark variieren kann, kann die Rechtsprechung jeweils nur eine Einzelfallbetrachtung vornehmen und punktuelle Maßstäbe von Fall zu Fall aufstellen. Dies kann jedoch die Abweichung vom Grundsatz der Verkehrsauffassung im Rahmen des wettbewerbsrechtlichen Schutzes nicht rechtfertigen. Die oben genannten alternativen Vorschläge könnten allerdings bei einem kennzeichenrechtlichen Schutz von der staatlichen Herkunft von Bedeutung sein, so dass auf die Ausführungen an späterer Stelle zu verweisen ist.[291]

V. Irreführungsschutz für andere länderspezifische Herkunft

Die Herkunft von anderen Ländern hat bisher kaum eine Rolle in der deutschen Rechtsprechung zu geographischen Herkunftsangaben gespielt. Die BGH-Entscheidung „Produktionsstätte" betrifft auch nicht spezifisch die Anforderungen

---

288 *Kiefer*, WRP 2016, 1458 (1465).

289 Ständige Rechtsprechung, vgl. etwa BGH, Urteil vom 29.05.1991 – I ZR 204/89, GRUR 1991, 852 (854) – *Aquavia*; BGH, Urteil vom 27.04.1995 – I ZR 116/93, GRUR 1995, 612 (614) – *Sauerstoff-Mehrschritt-Therapie*; BGH, Urteil vom 22.04.1999 – I ZR 108/97, GRUR 2000, 73 (75) – *Tierheilpraktiker*; BGH, Urteil vom 11. 01. 2007 – I ZR 87/04, GRUR 2007, 805 (806) – *Irreführender Kontoauszug*; BGH, Urteil vom 24.07.2014 – I ZR 53/13, GRUR 2015, 286 (288) – *Spezialist für Familienrecht*.

290 Vgl. *Sosnitza*, in: Ohly/Sosnitza, UWG, § 5 Rn. 158.

291 Unter 5. Teil B. II. 2.

an der Angabe der Schweizer Herkunft. Es ist der Entscheidung lediglich zu entnehmen, dass die staatliche Herkunft eines Produkts grundsätzlich Relevanz für die Kaufentscheidung besitzt und die Irreführung bei nachweislich falscher Angabe des Herkunftslands vermutet wird. Die anderen oben zitierten Entscheidungen betreffen allesamt die Angabe der deutschen Herkunft. Dies ist in erster Linie auf den Umstand zurückzuführen, dass über „Made in Germany" in einer Vielzahl von Fällen gerichtlich gestritten wurde und die diesbezüglichen Kriterien allmählich fortentwickelt werden konnten. Dazu haben die Wettbewerbs- und Verbraucherschutzverbände durch ihre Klageaktivitäten maßgeblich beigetragen.

Zwar schließt der Irreführungsschutz konzeptionell nicht aus, dass auch an die Angaben von anderen Herkunftsländern als von Deutschland gewisse Anforderungen, sei es quantitativ oder qualitativ, gestellt werden. Voraussetzung dafür wäre nach der bisherigen Rechtsprechung allerdings, dass solche Anforderungen nach der Verkehrsauffassung erwartet werden können. Der Grundsatz bei „Made in Germany", dass die aus der Verkehrssicht den Wert des Produkts maßgeblich bildenden Herstellungsschritte in Deutschland stattfinden müssen, lässt sich nur dann auf andere Länder übertragen, wenn die abstrakte Wertschätzung, die von der Rechtsprechung der deutschen Herkunft allgemein zugesprochen wird,[292] auch bei anderen Ländern zutrifft. Ob und nach welchen Kriterien solche „positive Länder" in diesem Sinne definiert werden können, kann anhand von Erkenntnissen aus bisheriger Rechtsprechung nicht beantwortet werden. Selbst wenn man die Übertragbarkeit des Grundsatzes unterstellt, wäre es dann praktisch die Aufgabe des angerufenen Gerichts, die Verkehrsvorstellung im konkreten Fall nach dem europäischen Verbraucherleitbild kraft eigener Sachkunde zu definieren. Weil es bei der maßgeblichen Verkehrssicht nicht auf objektiv messbare und überprüfbare Kriterien wie etwa die Einhaltung von gewissen Qualitätsstandards, sondern auf das subjektive Empfinden eines Käufers über das betroffene Land ankommt, kann das Ergebnis stark von dem Zufall abhängen. Mangels einschlägiger Kasuistik finden sich dazu keine hinreichenden Maßstäbe.

Speziell zur chinesischen Herkunft ist festzustellen, dass das Konzept des wettbewerbsrechtlichen Schutzes der geographischen Herkunftsangaben eher für die Herkunft aus traditionellen Industriestaaten mit bereits existierendem „gutem Ruf" gedacht ist und die aktuellen Aufstiegs- und Entwicklungsinteressen von „Made in China" nicht berücksichtigen kann. Während es bei „Made

292 Vgl. die vorstehenden Ausführungen unter 3. Teil C. III.

in Germany“ in erster Linie um die Frage geht, ob ein wesentlicher Herstellungsschritt überhaupt in Deutschland stattgefunden hat, vermag China als Herstellungsort noch keinen täuschungsrelevanten Umstand darzustellen. Eine Irreführung über die chinesische Herkunft wäre nach diesem Konzept nur dann denkbar, wenn „Made in China“ bereits ein vergleichbares „Image“ wie „Made in Germany“ innewohnen würde und eine entsprechende Verkehrserwartung an mit „Made in China“ gekennzeichneten Erzeugnissen bestünde. Ferner würde sich die Frage nach einer korrekten Kennzeichnung erst dann stellen, wenn die chinesischen Produzenten dazu übergehen, ihrerseits die Produktionsstätten ins Ausland, wie beispielsweise nach Afrika oder Südostasien zu lagern. Aktuell bzw. in absehbarer Zukunft wird beides nicht der Fall sein. Es geht für „Made in China“ vielmehr darum, sich von seinem umstrittenen Image zu befreien und seinen Ruf überhaupt erst einmal aufzubauen. Dafür müssten nach Möglichkeiten des proaktiven Handelns zum Beeinflussen der Verkehrserwartung gesucht werden. Gerade weil „Made in China“ weit verbreitet ist, soll das Kennzeichen seinen Weg aus der Banalität finden und gezielt in positiven Kontexten eingesetzt werden. Diese Möglichkeiten können sich nicht aus dem auf den Schutz der Verbraucher und Mitbewerber angelegten Wettbewerbsrecht ergeben. Vielmehr sollen auf der Grundlage der kennzeichenrechtlichen Zuordnung der geographischen Herkunftsangaben das Potenzial der subjektiven Rechte ausgeschöpft werden.

D. Zwischenergebnis

Trotz der großen Bedeutung der staatlichen Herkunft für den alltäglichen Warenverkehr wird deren Verwendung in der heutigen Rechtsordnung nur vereinzelt geregelt. Die Vorschriften der geographischen Herkunftsangaben bilden das wichtigste Regelungsinstrument, können aber die Informationsinteressen der Verbraucher an einer zutreffenden Angabe des Herkunftslands nur bedingt befriedigen. Auch aus Sicht der Unternehmen, die von der Verwendung der staatlichen Herkunft für ihre Produkte profitieren wollen, fehlen legislative und exekutive Konkretisierungen, die der heutigen Globalisierung und den internationalen Produktionsbeteiligungen Rechnung tragen und Klarheit hinsichtlich der konkreten Verwendungsvoraussetzungen verschaffen. Dieses Defizit kann durch die Tätigkeit der Rechtsprechung nur bedingt ausgeglichen werden.

Die chinesische Herkunft bzw. „Made in China“ befindet sich allerdings in einer anderen Interessenlage und ein Genuss des wettbewerbsrechtlichen Schutzes durch die geographischen Herkunftsangaben kommt aktuell noch nicht in Frage. Die unbefriedigende Rechtslage für „Made in Germany" zeigt, dass die bisherige Rechtsordnung trotz der hohen wirtschaftlichen Bedeutung der staatlichen Herkunft noch keinen hinreichenden Rechtschutz für sie gewährleisten kann. Dies liegt vor allem an dem traditionellen wettbewerbsrechtlichen Verständnis von den geographischen Herkunftsangaben, das die Interessen der Ortsansässigen nur mittelbar berücksichtigt und schützt. Es ist daher weiter zu untersuchen, ob und welche weitere Rechtsschutzmöglichkeiten in dem kennzeichenrechtlichen Schutzmodell für die staatliche Herkunft und „Made in China" bestehen.

4. Teil: „Made in China“ – Die kennzeichenrechtliche Zuordnung der geographischen Herkunftsangabe

Nachdem im obigen Teil die Stellung der staatlichen Herkunft in der aktuellen Rechtsordnung und ihre Handhabung in der bisherigen wettbewerbsrechtlich geprägten Rechtsprechung dargestellt werden, widmet sich der vorliegende Teil deren Schutz in Form des geistigen Eigentums. Der dogmatische Streit über die Rechtsnatur der geographischen Herkunftsangaben soll in der vorliegenden Arbeit nicht in allen Einzelheiten präsentiert werden. Vielmehr ist es Ziel der vorliegenden Arbeit, im Anschluss an die neue BGH – Rechtsprechung die kennzeichenrechtliche Interpretation der geographischen Herkunftsangaben zugrunde zu legen und ihre Bedeutung für den Schutz von der staatlichen Herkunft, insbesondere von „Made in China“ zu untersuchen. Vor dieser Untersuchung sollen allerding zunächst die Argumente und Bedenken, die gegen die kennzeichenrechtliche Betrachtung sprechen, nochmals aufgegriffen werden. Es ist zu prüfen, ob solche Bedenken auch bei dem Schutz der Angabe einer staatlichen Herkunft zutreffen und ob diese im Rahmen des kennzeichenrechtlichen Schutzes überwunden werden können.

Wie es unten noch zu zeigen ist, weist die staatliche Herkunft gegenüber einer üblichen geographischen Herkunftsangabe in mehrfacher Hinsicht Besonderheiten auf. Daher bedarf es einer Analyse, ob die Gründe für die Anerkennung des kennzeichenrechtlichen Charakters der geographischen Herkunftsangaben auch bei der Angabe einer staatlichen Herkunft zutreffen, so dass diese sich prinzipiell in dieses Schutzmodell einfügen kann. Da die europäische Rechtsprechung die entscheidende Rolle bei dem Paradigmenwechsel in der Rechtsprechung des BGH gespielt hat,[293] soll diese für die Untersuchung maßgeblich herangezogen werden.

293 Siehe die Bezugnahme in BGH, Urteil vom 31.03.2016 – I ZR 86/13, GRUR 2016, 741 (742 Rn. 13) – *Himalaya Salz*.

A. Die Problematik des kennzeichenrechtlichen Schutzes der staatlichen Herkunft

I. Generelle Argumente gegen den kennzeichenrechtlichen Schutz der geographischen Herkunftsangaben

Vor Inkrafttreten des Markengesetzes hatte der Schutz der geographischen Herkunftsangaben seine gesetzliche Grundlage überwiegend im Wettbewerbsrecht. Das Bundesverfassungsgericht hat 1979 in seiner „*Weinbergrolle*“ – Entscheidung[294] ausgeführt, dass das Gebot nach dem Weingesetz 1930, die Herkunft eines Weines zutreffend zu bezeichnen, auf die Redlichkeit der Verwendung von Herkunftsbezeichnungen und nicht auf den Schutz der Lagerbezeichnung und den zu seiner Verwendung Berechtigten ausgerichtet sei.[295] Die Begründung eines subjektiven Rechts setze eine Norm des objektiven Rechts voraus, die geeignet sei, entweder unmittelbar oder durch Vermittlung eines von der Norm mit Rechtswirkungen ausgestatteten Aktes eine Rechtsposition des Einzelnen zu begründen.[296] Die von dem Weingesetz bezweckte wahrheitsgemäße Herkunftsbezeichnung sei jedoch lediglich eine Art Reflexwirkung des objektiven Rechts, nicht Ausfluss einer subjektiven Rechtsposition.[297] Somit wurde für die wettbewerbsrechtliche Einordnung von geographischen Herkunftsangaben vor dem Inkrafttreten des Markengesetzes im Wesentlichen damit argumentiert, dass eine einfachgesetzliche Grundlage für die Vermittlung des kennzeichenrechtlichen Schutzes fehlte.[298]

Eine solche einfachgesetzliche Grundlage sehen einige Stimmen der Literatur nach dem Inkrafttreten des Markengesetzes gegeben.[299] Die Rechtsprechung hat dennoch die Regelungen über geographische Herkunftsangaben im Markengesetz zunächst nur wettbewerbsrechtlich interpretiert. Gegen die kennzeichenrechtliche Interpretation wurde als Hauptargument angeführt, dass sich diese nicht einem bestimmten ausschließlichen Rechtsträger zuordnen ließen.

---

294 BVerfG, Beschluss vom 22.05.1979 – 1 BvL 9/75, GRUR 1979, 773 – *Weinbergsrolle*.

295 BVerfG, Beschluss vom 22.05.1979 – 1 BvL 9/75, GRUR 1979, 773 (777) – *Weinbergsrolle*.

296 BVerfG, Beschluss vom 22.05.1979 – 1 BvL 9/75, GRUR 1979, 773 (777) – *Weinbergsrolle*.

297 BVerfG, Beschluss vom 22.05.1979 – 1 BvL 9/75, GRUR 1979, 773 (777) – *Weinbergsrolle*; Siehe auch BVerfG, GRUR 1988, 610, 612 – *Esslinger Neckarhalde II*.

298 Vgl. *Krieger*, GRUR 1980, 335 (341); *Mergel*, GRUR 1988, 613 (614); BGH, Urteil vom 22.05.1970 – I ZR 125/68, GRUR 1970, 517 (519) – *Kölsch-Bier*.

299 *Knaak*, GRUR 1995, 103, 104; *Fezer*, Markenrecht, § 126 Rn. 1; *Hacker*, in: Ströbele/Hacker, MarkenG, § 126 Rn. 5; *Helm*, in: Gloy/Loschelder/Erdmann, Handbuch des Wettbewerbsrechts, § 73 Rn. 3.

Der Individualschutz ergebe sich nur reflexartig aus dem seiner Natur nach wettbewerbsrechtlichen Schutz.[300] Unterstützt wurde dieses Argument mit dem Hinweis, dass nach § 128 MarkenG die Verstöße gegen § 127 MarkenG auch von Mitbewerbern und Verbänden verfolgt werden könnten.[301] Als weitere Argumente wurde in der Literatur auf die von §§ 14, 15 MarkenG abweichende Normstruktur und auf die fehlende Lizenzierungsmöglichkeit der geographischen Herkunftsangaben hingewiesen.[302]

II. Spezifische Argumente gegen den kennzeichenrechtlichen Schutz der staatlichen Herkunft

1. Ausgangspunkt: Einheitlicher Schutzgegenstand

§§ 126 ff. MarkenG enthalten einen einheitlichen Schutzgegenstand, nämlich die geographische Herkunftsangabe im Sinne des § 126 MarkenG.[303] Die Gewährung des kennzeichenrechtlichen Schutzes durch den BGH betrifft daher an sich die geographischen Herkunftsangaben in ihrer Gesamtheit. Es ist der „Himalaya Salz" – Entscheidung zu entnehmen, dass die Anerkennung der subjektiven Rechte für sämtliche geographischen Herkunftsangaben im Sinne des § 126 MarkenG erfolgt ist. Der BGH hat zwar auf die teilweise in der Literatur vertretene Differenzierung zwischen einfachen und qualifizierten geografischen Herkunftsangaben hingewiesen, ist dieser Ansicht letztendlich nicht gefolgt.[304] Somit müsste die Angabe einer staatlichen Herkunft wie etwa „Made in Germany" oder „Made in China", die nach dem Wortlaut des § 126 MarkenG eindeutig eine geographische Herkunftsangabe darstellt, auch von dem kennzeichenrechtlichen Schutz durch §§ 126 ff. MarkenG profitieren können.

Dieser Rückschluss scheint auf den ersten Blick konsequent, weil die Frage nach der Rechtsnatur der geographischen Herkunftsangabe von der Rechtsprechung nur einheitlich beantwortet wurde. Die Angabe einer staatlichen Herkunft könnte zudem unter Umständen tatsächlich ein großes Ansehen unter dem Publikum genießen und den Umsatz der mit ihr gekennzeichneten

---

300 BGH, Urteil vom 02.07.1998 – I ZR 55/96, GRUR 1999, 252 (254) – *Warsteiner II*; BGH, Urteil vom 10.08.2000 – I ZR 126/98, GRUR 2001, 73 (77) – *Stich den Buben*; BGH, Urteil vom 25.01.2001 – I ZR 120/98, GRUR 2001, 420 (422) – *SPA*; *Ullmann*, GRUR 1999, 666 (666).

301 BGH, Urteil vom 02.07.1998 – I ZR 55/96, GRUR 1999, 252 (254) – *Warsteiner II.*

302 *Sosnitza*, MarkenR 2000, 77 (86); *ders.*, in: Ohly/Sosnitza, UWG § 5 Rn. 327.

303 *Kiefer*, Geographischer Irreführungsschutz, S. 25.

304 Vgl. BGH, Urteil vom 31.03.2016 – I ZR 86/13, GRUR 2016, 741 (742) – *Himalaya Salz.*

Produkte fördern, wie es beispielsweise bei „Made in Germany“ der Fall ist. Offenbar sprach der deutsche Gesetzgeber „Made in Germany“ bei dem Entwurf des MarkenG eine vorbildliche Funktion zu, als er in der Entwurfsbegründung ausgerechnet diese Bezeichnung als Beispiel für die große wirtschaftliche Bedeutung der geographischen Herkunftsangaben nannte.[305] Es scheint vor diesem Hintergrund ein automatischer Rückschluss zu sein, dass die Angabe einer staatlichen Herkunft in rechtlicher Hinsicht das gleiche Schicksal mit den üblichen geographischen Herkunftsangaben teilt und im Einklang mit der neuen Rechtsprechung einen kennzeichenrechtlichen Schutz genießt.

2. Fehlende feste Verbindung zwischen Länderangabe und Produkt

Dieser Eindruck täuscht. Wer unter Berücksichtigung des derzeit umstrittenen Images von „Made in China“ nach Berechtigung eines kennzeichenrechtlichen Schutzes für diese Angabe sucht und ihre Tauglichkeit als subjektives Recht hinterfragt, wird wohl ein deutliches Unbehagen spüren. Insbesondere bei Angabe einer staatlichen Herkunft aus den Nicht-Industrieländern ohne etablierten Ruf der Fertigungsindustrie scheint das Schutzinstrument der geographischen Herkunftsangaben an praktische Relevanz zu fehlen. Überspitzt kann man an dieser Stelle sogar die Frage stellen, ob solchen Angaben der staatlichen Herkunft die Berechtigung des subjektiven Rechtsschutzes abgesprochen werden kann, weil es dort an einer entsprechenden Wertschätzung im Verkehr mangelt. Besteht beispielsweise ein Unterschied zwischen „Made in Germany“ und „Made in China“ hinsichtlich der Eigenschaft des subjektiven Rechts?

Bei weiterer Betrachtung wird man aber feststellen, dass die Angabe einer staatlichen Herkunft, insbesondere die „Made in“ – Angabe in mehrfacher Hinsicht von einer herkömmlichen geographischen Herkunftsangabe unterscheidet:

Das Grundproblem liegt in dem Umfang der geographischen und produktspezifischen Bezugnahme. Die meisten geographischen Herkunftsangaben beziehen sich auf ein territorial relativ eingegrenztes Gebiet und werden nur in Verbindung mit einer bestimmten Art der Produkte verwendet. Wie die Legaldefinition von § 126 Abs. 1 MarkenG verdeutlicht, verleiht erst die Kennzeichnung von Waren oder Dienstleistungen den Ortsnamen die Eigenschaft der geographischen Herkunftsangaben. Beispielsweise tritt „Bordeaux“ erst dann als geographische Herkunftsangabe in Erscheinung, wenn sie mit Wein aus dem dortigen Gebiet in Verbindung gebracht wird. Im Regelfall handelt es sich

305 BT-Drs. 12/6581, S. 116.

bei den geographischen Herkunftsangaben jeweils um eine feste Kombination zwischen Ort und Produkt (z.B.: Thüringen und Rostbratwurst, Dresden und Stollen, Lübeck und Marzipan, Cognac und Weinbrand usw.). Das Image eines Orts wird in der Regel von einem bestimmten Produkt maßgeblich geprägt.[306] In manchen Fällen wirkt die Verbindung sogar derart stark, dass der Ortsname im geschäftlichen Verkehr faktisch nur für die Produkte verwendet wird, auf die die geographische Angabe bezieht.[307] Die staatliche Herkunft, insbesondere das „Made in" – Kennzeichen ist allerdings nicht von einer solchen starken Verbindung zwischen dem Ortsnamen und dem Produkt geprägt.[308] Die Geburtsgeschichte von „Made in Germany" zeigt gerade, dass dieses Kennzeichen ursprünglich gar nicht für bestimmte Arten von Produkten gedacht war, sondern sich ganz allgemein auf alle nach Großbritannien exportierten deutschen Erzeugnisse beziehen sollte.[309] Der Wortlaut „Made in" gibt einen eindeutigen örtlichen Hinweis auf den Herstellungsvorgang.[310] Das Kennzeichen könnte praktisch bei jedem Produkt verwendet werden und dadurch die Verbindung zum geographischen Hinweis herstellen. Während die Ortsangabe konstant bleibt, ist das Produkt beliebig „austauschbar". Dies entspricht aber heutzutage dem Anliegen der gesamten deutschen Volkswirtschaft, die als Gesamtheit von der Angabe „Made in Germany" profitieren will.[311] Die Angabe der staatlichen Herkunft soll nicht nur bestimmten Produktarten vorbehalten werden. Die vielfältigen Konstellationen in der Rechtsprechung bezüglich der Verwendung von „Made in Germany" belegen gerade ein sehr weites Verwendungsspektrum dieser geographischen Herkunftsangabe.

3. *Flexible Einsatzbarkeit und geringere Verwässerungsgefahr*

Die lose Verbindung zu dem gekennzeichneten Produkt macht die Angabe der staatlichen Herkunft zudem „verwässerungsfest". Anders als bei einer üblichen geographischen Herkunftsangabe kann ein „Made in" – Kennzeichen kaum Gefahr laufen, durch dauerhafte missbräuchliche Verwendungen zu einer

306 *Becker*, Zur Bedeutung geschützter Herkunftsangaben, S. 25.

307 Ein bekanntes Beispiel ist der Name „Solingen", vgl. § 1 SolingenV (Solingenverordnung vom 16. Dezember 1994 (BGBl. I S. 3833)).

308 Als eher Ausnahmen gelten beispielsweise Schweizer Uhrwerke oder Messer sowie Scotch Whisky.

309 Vgl. die vorstehenden Ausführungen unter 1. Teil B.

310 Vgl. BGH, Beschluss vom 27.11.2014 – I ZR 16/14, GRUR-RR 2015, 209 (210 Rn. 19) – *Kondome Made in Germany*.

311 Vgl. *Dück*, „Made in Germany" zwischen Auslaufmodell und Gütesiegel, S. 4.

Gattungsbezeichnung denaturiert zu werden. Während der Bedeutungsgehalt der meisten geographischen Herkunftsangaben dem Bedeutungswandel im Laufe der Zeit unterliegt,[312] bleibt die Funktion des Herkunftshinweises bei „Made in“ aufgrund seiner eindeutigen Formulierung auf Dauer erhalten.[313] Ferner lassen sich die üblichen Formen der anlehnenden Bezugnahme oder entlokalisierenden Zusätze wie „nach Art von . . .“, „“à la. . .“ oder „Typ . . .“ mit einer „Made in“ – Angabe kaum kombinieren.[314] Gerade weil das Kennzeichen vielfältig eingesetzt werden kann, besitzt es nur eine eingeschränkte Individualisierungskraft, die vor Beeinträchtigung durch offene Anlehnung geschützt werden soll.[315] Der Schutz vor Verwässerung und die Verhinderung der Entstehung von Gattungsbezeichnungen gelten aber als wichtige Gesichtspunkte für einen kennzeichenrechtlichen Schutz der geographischen Herkunftsangaben und ihrer ortsansässigen Betreiber.[316] In dieser Hinsicht weist die staatliche Herkunft ein deutlich geringeres Schutzbedürfnis auf.

Wie bereits oben festgestellt, steht der Angabe einer staatlichen Herkunft der Schutz als qualifizierte geographische Herkunftsangabe aufgrund von strukturellen Mängeln des Gesetzes nicht zu.[317] Die Angabe einer staatlichen Herkunft ist, jedenfalls unter der aktuellen Rechtsordnung, wo Möglichkeiten der inhaltlichen Konkretisierungen durch den Staat oder die Ortsansässigen fehlen, nicht geeignet, produktspezifische und objektivierbare Qualitätsmerkmale an sich zu binden. Sie lebt ausschließlich von der subjektiven Wahrnehmung des Verkehrs, die, wie die oben aufgeführten Forschungen zeigen, sich überwiegend nicht mit rationalen Gründen erklären lässt.[318]

Vor diesem Hintergrund stellt sich die Frage, ob die Angabe einer staatlichen Herkunft sich generell in das System des kennzeichenrechtlichen Schutzes der geographischen Herkunftsangaben einfügen kann. Es bedarf daher einer Untersuchung, auf welchen rechtlichen Grundlagen die kennzeichenrechtliche Zuordnung der geographischen Herkunftsangaben beruht

---

312 Vgl. die Beispiele in Reinhart, WRP 2003, 1313 (1315).

313 Vgl. *Tilmann*, Die geographische Herkunftsangabe, S. 155; *Wulf*, “Made in Germany”, S. 38.

314 Vgl. *Schricker*, GRUR Int 1982, 515 (515 f.) mit zahlreichen fiktiven Beispielen für Lebensmittel.

315 *Lindacher*, Festschrift Müller-Graff, S. 649 (649).

316 Vgl. *Loschelder*, Festschrift Tilmann, S 403, (412f.); *Harte-Bavendamm*, GRUR 1996, 717 (718); *Schricker*, GRUR Int 1982, 515 (516); *Beier*, GRUR 1963, 236 (237).

317 Vgl. die vorstehenden Ausführungen unter 3. Teil B. II. 2.

318 Vgl. die vorstehenden Ausführungen unter 3. Teil A.

und ob solche Grundlagen auch bei der Angabe einer staatlichen Herkunft, insbesondere bei „Made in China", zutreffen. Weil die Rechtsprechung des EuGHs einen wesentlichen Einfluss auf die Interpretation der Rechtsnatur der geographischen Herkunftsangaben in Deutschland ausgeübt hat, soll im Folgenden diese Rechtsprechung untersucht und ihre Begründung für die Anerkennung der subjektiven Rechte aus geographischen Herkunftsangaben näher betrachtet werden.

B. Die kennzeichenrechtliche Zuordnung der geographischen Herkunftsangaben unter Berücksichtigung der EuGH-Rechtsprechung

I. Die subjektive Wertschätzung im Mittelpunkt der Rechtsprechung

Im Rahmen des Unionsprimärrechts spielt die Rechtsnatur der geographischen Herkunftsangaben vor allem bei der Rechtfertigung der den freien Warenverkehr einschränkenden staatlichen Maßnahmen eine wichtige Rolle. Nach Art. 36 Satz 1 AEUV können Beschränkungen der Warenverkehrsfreiheit durch Maßnahmen zum Schutz des gewerblichen oder kommerziellen Eigentums gerechtfertigt werden. Für den EuGH bildet die subjektive Wertschätzung des Publikums den entscheidenden Anknüpfungspunkt für die Anerkennung der geographischen Herkunftsangaben als gewerbliches Eigentum. In der Entscheidung „*Sekt/Weinbrand*"[319] hat der EuGH noch für den Schutz der geographischen Herkunftsangaben verlangt, dass das Erzeugnis, das mit der geographischen Herkunftsangabe bezeichnet wird, tatsächlich Eigenschaften und Wesensmerkmale aufweist, die seinem geographischen Ursprung verdanken.[320] Diese Linie hat EuGH später in der Entscheidung „*Turrón de Alicante*"[321] zu Gunsten der geographischen Herkunftsangaben korrigiert. In dieser Grundsatzentscheidung ging es um die Bezeichnungen der spanischen Süßwaren Turrón de Alicante und Turrón de Jijona, die auf Grund eines Abkommens zwischen Frankreich und Spanien nur nach den

---

319 EuGH, Urteil vom 20.02.1975 – C-12/74, GRUR Int 1977, 25 – *Sekt/Weinbrand.*

320 EuGH, Urteil vom 20.02.1975 – C-12/74, GRUR Int 1977, 25, (29 Rn. 7) – *Sekt/Weinbrand*; Vgl. ferner EuGH, Urteil vom 09.06.1992 – C-47/90, Rn. 17 – *Delhaize*: „Dazu ist festzustellen, daß die spezifische Funktion der Ursprungsbezeichnung darin bestellt, zu gewährleisten, daß das mit ihr versehene Erzeugnis aus einem bestimmten geographischen Bereich stammt und bestimmte besondere Eigenschaften aufweist."

321 EuGH, Urteil vom 10.11.1992 – C-3/91, GRUR Int 1993, 76 – *Turrón.*

im spanischen Recht geregelten Anforderungen benutzt werden dürfen. Die Einstufung der Bezeichnung „*Turrón*“ als gewerbliches Eigentum konnte also die Einschränkung des freien Warenverkehrs durch die einschlägigen spanischen Regelungen rechtfertigen. Allerdings weisen die in Alicante und Jijona hergestellten Turrón keine nachweisbaren besonderen Qualitäten oder Merkmale auf, die mit ihrer geographischen Herkunft zusammenhängen. Die Europäische Kommission hat während des Verfahrens die Auffassung vertreten, dass eine Rechtfertigung durch die geographische Herkunftsangabe nur dann in Betracht komme, wenn das mit ihr gekennzeichnete Erzeugnis Qualitäten und Merkmale besitze, die dem geographischen Ort zu verdanken und geeignet sind, es zu individualisieren.[322] Im Gegensatz zur Entscheidung „*Sekt/Weinbrand*“ stellte der EuGH nunmehr maßgeblich auf die Wertschätzung der Bezeichnungen unter dem Publikum ab und sprach den einfachen geographischen Herkunftsangaben auch die Eigenschaft des gewerblichen Eigentums im Sinne des Art. 36 Satz 1 AEUV zu: „*Diese Bezeichnungen können sich gleichwohl bei den Verbrauchern einer hohen Wertschätzung erfreuen und für die Erzeuger, die in den jeweiligen Orten ansässig sind, ein wesentliches Mittel zur Schaffung und Erhaltung eines Kundenstamms darstellen. Die bedürfen daher des Schutzes.*“[323] Die Möglichkeit bzw. das Potenzial eines guten Rufs von einer Ortsangabe begründet nach Maßstäben des EuGH bereits die Schutzwürdigkeit der geographischen Herkunftsangabe. Der EuGH nimmt dabei keine Wertung über den Grad der Wertschätzung vor und verlangt diesbezüglich auch keinen Nachweis.[324] Diese Eigenschaft spricht der EuGH den geographischen Herkunftsangaben generell zu.[325] Die geographischen Herkunftsangaben können, müssen aber nicht, über den begriffsnotwendigen Hinweis auf die Herkunft hinaus einen besonderen Ruf genießen. Es ist auch nicht notwendig, dass sie ihrem Herkunftsgebiet besondere geschmackliche Eigenschaften verdanken oder gemäß behördlichen Qualitäts- und Fabrikationsnormen hergestellt werden.[326] Sie sind vielmehr generell schutzwürdig.[327]

---

322 EuGH, Urteil vom 10.11.1992 – C-3/91, GRUR Int 1993, 76 (78 Rn. 27) – *Turrón*.
323 EuGH, Urteil vom 10.11.1992 – C-3/91, GRUR Int 1993, 76 (78 Rn. 28) – *Turrón*.
324 *Omsels*, Geografische Herkunftsangaben, S. 109.
325 *Loschelder*, Festschrift Fezer, S. 711 (717).
326 *Schulte-Beckhausen*, GRUR Int 2008, 984 (985).
327 *Glaus*, Die geographische Herkunftsangabe als Kennzeichen, S. 162.

An diese Rechtsprechung hat EuGH in den nachfolgenden Entscheidungen „*Grana padano*“[328] und „*Prosciutto di Parma*“[329] angeknüpft. In Bezug auf die Ursprungsbezeichnungen stellt der EuGH nochmals klar, dass das Ansehen, das eine Herkunftsbezeichnung unter den Verbrauchern genießt, ein wesentliches Mittel zur Schaffung und Erhaltung eines Kundenstamms darstellt. Der Inhaber solle davor geschützt werden, dass Dritte aus missbräuchlicher Verwendung der Bezeichnung einen Vorteil aus dem Ansehen erzielen.

II. Europarechtliche Bedenken bei Förderung der eigenen staatlichen Herkunft

Bevor näher auf die Begründung der vorerwähnten Rechtsprechung des EuGHs eingegangen wird, ist zunächst die Frage zu klären, ob ein kennzeichenrechtlicher Schutz der staatlichen Herkunft bereits wegen Verstoßes gegen primäres EU-Recht ausscheidet. In diesem Zusammenhang ist nämlich darauf hinzuweisen, dass die staatliche Herkunft nicht unter dem Deckmantel des Schutzes von geographischen Herkunftsangaben als Anknüpfungspunkt gewisser mitgliedstaatlichen Förderungsmaßnahmen dienen darf, um einheimische Produkte gegenüber Produkten der anderen Mitgliedstaaten zu bevorzugen. Bereits in der vorerwähnten Entscheidung „*Sekt/Weinbrand*“ hat der EuGH die Eignung eines staatlichen Hoheitsgebiets zur geographischen Herkunftsangabe bezweifelt.[330] Später hat der EuGH in der Entscheidung „*CMA-Gütezeichen*“[331] die Maßnahme, das Gütezeichen „Markenqualität aus deutschen Landen“ nur Erzeugnissen aus Deutschland zu verleihen, als mit dem Gemeinschaftsrecht unvereinbar angesehen. Eine staatliche Regelung, die auf das gesamte Hoheitsgebiet des Mitgliedstaates abstellt und auf alle Erzeugnisse eines bestimmten Wirtschaftssektors gilt, ist nach Auffassung des EuGH keine geographische Herkunftsangabe, die nach Art. 36 AEUV die Einschränkung des freien Warenverkehrs zwischen den Mitgliedstaaten rechtfertigten kann.[332]

---

328 EuGH, Urteil vom 20.05.2003 – C-469/00, GRUR 2003, 609 (612 Rn. 49) – *Grana padano*.

329 EuGH, Urteil vom 20.05.2003 – C-108/01, GRUR 2003, 616 (619 Rn. 64) – *Prosciutto di Parma*.

330 EuGH, Urteil vom 20.02.1975 – C-12/74, GRUR Int 1977, 25, (29 Rn. 8) – *Sekt/Weinbrand*.

331 EuGH, Urteil vom 05.11.2002 – C-325/00, GRUR Int 2002, 1021 – *CMA-Gütezeichen*.

332 EuGH, Urteil vom 05.11.2002 – C-325/00, GRUR Int 2002, 1021 (1023 Rn. 27) – *CMA-Gütezeichen*.

Bei genauer Betrachtung dieser Rechtsprechung ist festzustellen, dass die Europarechtswidrigkeit einer solchen Maßnahme die Rechtsnatur der geographischen Herkunftsangaben und die Schutzwürdigkeit der staatlichen Herkunft nicht berührt. Es betrifft nicht die Frage, *ob* die Angabe einer staatlichen Herkunft als gewerbliches Eigentum geschützt werden kann, sondern nur die Frage, *wie* ein solcher Schutz im Einklang mit der Warenverkehrsfreit zu gewährleisten ist. Die streitgegenständlichen Maßnahmen behalten inländischen Produkten eine bestimmte Herkunftsangabe vor, die als Gütezeichen dienen soll. Sie dienen jedoch nicht dem Schutz der Wertschätzung von geographischen Herkunftsangaben, sondern schlichthin Förderung der inländischen Erzeugnisse eines Mitgliedstaates.[333] Man kann von einer „gewillkürten Herkunftsangabe“[334] sprechen, die Produkte aus einem ausschließlich durch politischen Willen bestimmten staatlichen Gebiet umfasst und unter besondere staatliche Begünstigung stellt. In diesem Kontext wird die Angabe der staatlichen Herkunft nicht von den Ortsansässigen als geographischer Herkunftshinweis für ihre Produkte benutzt, sondern als Kriterium zur staatlichen Benachteiligung ausländischer Produkte zweckentfremdet.

III. Die Bedeutung der EuGH-Rechtsprechung für den Schutz von geographischen Herkunftsangaben in Deutschland

1. Keine zwingenden Vorgaben über die Rechtsnatur der geographischen Herkunftsangaben im deutschen Recht

Es stellt sich die Frage, welche Aufschlüsse die EuGH-Rechtsprechung zur Rechtsnatur der geographischen Herkunftsangabe für ihren Schutz unter dem deutschen Recht bringt. Gegenstand des Art. 36 Satz 1 AEUV ist nicht die Rechtsnatur der geographischen Herkunftsangaben selbst, sondern die Rechtfertigung von Beschränkungen des freien Warenverkehrs, die von den Erwägungen des Schutzes von gewerblichem und kommerziellem Eigentum getragen wird.[335] Die Begriffe des gewerblichen und kommerziellen Eigentums, die in Art. 1 Abs. 2 PVÜ und Art. 1 Abs. 2 TRIPS ihren Niederschlag finden, sind nicht deckungsgleich mit subjektiven Rechtspositionen nach dem

333 EuGH, Urteil vom 05.11.2002 – C-325/00, GRUR Int 2002, 1021 (1023 Rn. 23) – *CMA-Gütezeichen*.

334 *Omsels*, Geografische Herkunftsangaben, S. 109 (Rn. 267).

335 Vgl. *Ingerl/Rohnke*, Markengesetz, Vor §§ 126 – 139 Rn. 2; Sosnitza, MarkenR 2000, 77 (87).

Verständnis des deutschen Zivilrechts.[336] Es soll nicht verkannt werden, dass Art. 36 Satz 1 AEUV selbst kein Ausschließlichkeitsrecht begründet, sondern ein solches voraussetzt. Zwar bezieht sich die Entscheidung „*Turrón de Alicante*" auf eine nationale Regelung zum Schutz geographischer Herkunftsangaben. Daraus lässt sich allerdings nicht ableiten, dass das Unionsrecht eine zwingende Vorgabe an die Mitgliedstaaten stellt, sämtliche geographischen Herkunftsangaben des nationalen Rechts als gewerbliches und kommerzielles Eigentum im Sinne des Art. 36 Satz 1 AEUV einzustufen.[337] Es handelt sich dabei um Begriffe, die unabhängig vom nationalen Rechtsverständnis autonom ausgelegt werden.[338] Der Grundgedanke der Rechtfertigung nach Art. 36 Satz 1 AEUV liegt allerdings darin, dass die Warenverkehrsfreiheit die Ausübung der Rechte an der Ware nicht hindern soll, die ihrem Inhaber eine durch den Mitgliedstaat oder durch seine Mitwirkung verliehene Ausschließlichkeitsposition einräumen.[339] Ob und wie solche Ausschließlichkeitsrechte gewährt werden, ist den Mitgliedstaaten überlassen.[340] Die EuGH-Rechtsprechung liefert daher keine direkte Antwort für die Rechtsnatur der geographischen Herkunftsangaben in Deutschland.[341]

2. *Die Anerkennung der Wertschätzung für menschliche Leistungen*

Der EuGH kann jedoch kraft seiner Entscheidungshoheit verbindlich festlegen, ob der Schutz der geographischen Herkunftsangaben, so wie dieser in einem Mitgliedstaat nach seinen nationalen Vorschriften ausgestaltet ist, den europäischen Anforderungen des gewerblichen Eigentums im Sinne des Art. 36

---

336 *Sosnitza*, in: Ohly/Sosnitza, UWG § 5 Rn. 327; Vgl. Art 1 Abs. 2 PVÜ, der auch die Unterdrückung des unlauteren Wettbewerbs zum Schutz des gewerblichen Eigentums zählt.

337 Vgl. *v. Danwitz*, GRUR 1997, 81 (83).

338 Vgl. *Loschelder*, Festschrift Fezer, S. 711 (712, 714 ff.), der zu Recht darauf hinweist, dass es bei den geographischen Herkunftsangaben um europäisches Recht handelt und die Auslegung dabei nach europäischen Rechtsgrundsätzen richtet.

339 *Kingreen*, in: Calliess/Ruffert, EUV/AEUV, Art. 36 AEUV Rn. 207; *W. Schroeder*, in: Streinz, EUV/AEUV, Art. 36 AEUV Rn. 19; Beier/Knaak, GRUR Int 1992, 411, 422, vertreten die Auffassung, dass der Charakter der geographischen Herkunftsangaben unabhängig davon bestehe, wie deren rechtlicher Schutz auf nationaler Ebene ausgestaltet sei.

340 *W. Schroeder*, in: Streinz, EUV/AEUV, Art. 36 AEUV Rn. 19.

341 Im Ergebnis auch *Kiefer*, Geographischer Irreführungsschutz, S. 35 f.

AEUV genügt.[342] Dabei kann der EuGH eine andere Gewichtung der verschiedenen Interessen hinter einer mitgliedstaatlichen Regelung vornehmen. Dass ein Mitgliedstaat bestimmte Interessen lediglich als mittelbar oder reflexartig geschützt ansieht, hindert den EuGH nicht daran, solchen Interessen bei der Auslegung einer europäischen Norm eine höhere Bedeutung beizumessen. Der EuGH stellt bei seiner Entscheidung über die geographischen Herkunftsangaben maßgeblich auf den von deren getragenen kollektiven Goodwill ab, der nachweislich der Gesetzesbegründung den Ausgangspunkt für ihre Normierung im deutschen Markengesetz bildet und auch unter den Literaturstimmen für eine wettbewerbsrechtliche Interpretation so gut wie nicht bestritten wird. Es trifft zu, dass die geographischen Herkunftsangaben nicht vollkommen in eine der Schubladen von Wettbewerbsrecht und Kennzeichenrecht im klassischen Sinne passen.[343] Sie nehmen innerhalb des Kennzeichenrechts eine Sonderstellung ein.[344] Maßgeblich für die Begründung eines gewerblichen Schutzrechtes ist allerdings, ob die einschlägige Rechtsordnung eine bestimmte menschliche Leistung als schutzwürdig ansieht und deren Schöpfer den wirtschaftlichen Genuss zuweist. Denn nicht jede bemerkenswerte menschliche Leistung wird durch die Rechtsordnung mit Schutzrechten belohnt. Kreative Ideen etwa, die nicht zu einer Erfindung (Patentrecht) oder einem Werk (Urheberrecht) entwickelt werden, bleiben für die Allgemeinheit frei.[345] Hinter dem geistigen Eigentum steht somit eine staatliche Auswahl von geistigen Leistungen von Menschen. Entscheidet die Rechtsordnung trotz der strukturellen Schwächen von geographischen Herkunftsangaben für einen kennzeichenrechtlichen Schutz und bescheinigt ihnen dadurch die Eigenschaft des geistigen Eigentums, beruht diese Entscheidung maßgeblich auf der Erwägung, den in den Angaben verkörperten Goodwill als menschliche Arbeitsergebnisse einzustufen und den Ortsansässigen als deren Schöpfern diese Leistungen zuzuweisen.[346] Wie bei anderen Arten von geistigem Eigentum werden ihnen Herrschaftsrechte zur ausschließlichen Nutzung oder Verwertung der

342 Vgl. *Ehricke*, in: Streinz, EUV/AEUV, Art. 267 AEUV Rn. 14 zur Kompetenz vom EuGH hinsichtlich der Auslegung von nationalem Recht der Mitgliedstaaten.

343 *Sosnitza*, jurisPR-WettbR 8/2016 Anm. 1.

344 *Ingerl/Rohnke*, Markengesetz, Einleitung Rn. 11.

345 *Ohly*, JZ 2003, 545 (548).

346 Vgl. *Ahrens*, in: Harte-Bavendamm/Henning-Bodewig, UWG, G. Rn. 197; vgl. ferner *Fezer*, Festschrift Helms, S. 151 (152), der von der Unterscheidung einer unternehmerischen Leistung über die geographische Herkunft spricht.

geographischen Herkunftsangaben geschaffen.[347] Zur Gewährleistung dieser Herrschaftsrechte sieht das Markengesetz entsprechende Schutzansprüche vor (§ 127 ff. MarkenG). Darüber hinaus können geographische Herkunftsangaben als Kollektivmarken (§ 97 MarkenG) eingetragen und geschützt werden. Wie die Schutzvorschriften konkret ausgestaltet sind und ob sie die Schutzinteressen der Rechtsinhaber befriedigen können, ist eine Frage des konkreten Schutzniveaus und keine Frage der grundsätzlichen rechtlichen Zuordnung solcher menschlichen Leistungen.

Genau in diesem Kontext ist die Rechtsprechung des EuGH zu den einfachen geographischen Herkunftsangaben zu verstehen: Der EuGH sieht in der möglichen Wertschätzung der geographischen Herkunftsangaben, die einen wirtschaftlichen Wert aufweist und eine wichtige Einnahmequelle für die örtlichen Erzeuger bildet[348], bereits einen ausreichenden Grund, den Charakter eines Ausschließlichkeitsrechts bei den einfachen geographischen Herkunftsangaben im Wege seiner autonomen Auslegung anzuerkennen.[349] Auch wenn die einfachen Herkunftsangaben nur gegen Irreführung geschützt sind, wird deren Schutz vom EuGH eigentumsrechtlich eingestuft, und zwar in Form einer eigentumsrechtlichen Rechtfertigung des Eingriffs in den freien Warenverkehr. Eine solche eigentumsrechtliche Einstufung trägt dem Umstand Rechnung, dass sich jede Herkunftsangabe, auch wenn sie anfangs nur bedeutungslos oder gar negativ erscheint, zu Qualitätsaussagen entwickeln kann.[350] In der Qualität des Rechtsschutzes besteht aus Sicht des Unionsrechts gerade kein Unterschied zwischen einfachen und qualifizierten geographischen Herkunftsangaben.[351]

3. *Der Wille des deutschen Gesetzgebers zum Schutz des kollektiven Goodwills*

Dem deutschen Gesetzgeber war die Eigenschaft des guten Rufes von geographischen Herkunftsangaben bei der Einführung des Markengesetzes durchaus bewusst. Er sieht in den geographischen Herkunftsangaben Kennzeichnungsmittel, die eine vergleichbare Funktion wie Marken erfüllen. Sogar mit dem Beispiel der Angabe einer staatlichen Herkunft „Made in Germany“ wollte der Gesetzgeber diesen guten Ruf und die damit verbundene wirtschaftliche

---

347 Vgl. *Wolf/Neuner*, Allgemeiner Teil des Bürgerlichen Rechts, § 20 Rn. 20.
348 EuGH, Urteil vom 10.11.1992 - C-3/91, GRUR Int 1993, 76 (78 Rn. 28) - *Turrón*.
349 *Büscher*, GRUR Int 2008, 977 (981).
350 Vgl. *Ahrens*, GRUR Int 1997, 508 (513).
351 *Fezer*, Festschrift Helm, S. 151 (154).

Bedeutung veranschaulichen.[352] Diesen wirtschaftlichen Wert wollte der Gesetzgeber als Leistung anerkennen und wie jenen von Marken schützen.[353] Durch die Aufnahme der geographischen Herkunftsangaben in das Markengesetz trägt der deutsche Gesetzgeber der Entwicklung auf der Ebene des europäischen Gemeinschaftsrechts Rechnung.[354] Die auf den Schutz des kollektiven Goodwills der geographischen Herkunftsangaben gerichteten Vorschriften (vgl. die Überschrift von §§ 126 ff. MarkenG: „Schutz geographischer Herkunftsangaben“) des Markengesetzes würden daher nach Maßstäben des EuGHs geistiges und kommerzielles Eigentum im Sinne des Art. 36 Satz 1 AEUV begründen. Der deutsche Gesetzgeber hat allerdings in der damaligen Entwurfsbegründung zu der Rechtsnatur der geographischen Herkunftsangaben geschwiegen. Eine ausdrückliche Deklaration zum Ausschließlichkeitsrecht, wie es bei Marken (§ 14 Abs. 1 MarkenG) und geschäftlichen Bezeichnungen (§ 15 Abs. 1 MarkenG) der Fall ist, fehlt bei geographischen Herkunftsangaben.[355] Die Äußerung des Gesetzgebers dahingehend, dass die Neugestaltung des deutschen Markenrechts mit einem neuen Anfang der Auslegung bei geographischen Herkunftsangaben eine Ausnahme erfahren soll,[356] hat zum Festhalten an der wettbewerbsrechtlichen Einordnung in der Rechtsprechung beigetragen.[357]

4. *Die Schutzwürdigkeit der einfachen geographischen Herkunftsangaben*

Nach den Maßstäben des EuGH ist für den kennzeichenrechtlichen Schutz der geographischen Herkunftsangaben in Deutschland nicht von Belang, dass das deutsche Markengesetz die qualifizierten geographischen Herkunftsangaben zwar formell kennt, diese Schutzform aber praktisch nicht gewährleisten kann. Die einfachen geographischen Herkunftsangaben enthalten zwar über den Herkunftshinweis hinaus keine Aussage über die Qualität der gekennzeichneten

---

352 BT-Drs. 12/6581, S. 116.

353 *Kiefer*, Geographischer Irreführungsschutz, S. 39.

354 *Fezer*, Festschrift Helm, S. 151 (154).

355 Vgl. *Sosnitza*, MarkenR 2000, 77 (85).

356 Vgl. BT-Drs. 12/6581, S. 59.

357 Vgl. *Grumbrecht*, Die geografische Herkunftsangabe als Immaterialgut im System des europäischen Rechtsschutzes der geografischen Angaben und Ursprungsbezeichnungen, S. 33.

Waren, die auf örtlichen oder regionalen Eigenheiten beruhen.[358] Die Differenzierung zwischen einfachen und qualifizierten geographischen Herkunftsangaben darf allerding nicht zu der Schlussfolgerung führen, dass den Ersteren die Funktion des Qualitätshinweises komplett abgesprochen wird. Richtig ist nur, dass bei einfachen geographischen Herkunftsangaben keine objektiv nachweisbare Qualität aus der Herkunft abgeleitet werden kann.[359] Der kollektive Goodwill kann aber nicht nur auf objektiven Qualitätsmerkmalen beruhen, sondern vielmehr auch von der subjektiven Wertschätzung des Publikums getragen werden. Dies gilt insbesondere für industrielle Erzeugnisse, bei denen der objektive Bezug zu dem Herkunftsort nicht nachweisbar ist.[360] Eine Herkunftsangabe ohne jegliche Qualitätsvorstellung ist schwer vorstellbar[361] und wäre übrigens mit dem Schutzzweck der geographischen Herkunftsangaben nicht vereinbar. Die geographischen Herkunftsangaben haben die Fähigkeit, positive Reizwirkungen und Gefühle beim Verbraucher zu erzeugen.[362] Solche Reizwirkungen lassen sich nicht nur mit rationalen Faktoren wie Qualitätsüberlegungen messen. Sie können darüber hinaus auch in den irrationalen und sogar phantasievollen Herkunftsvorstellungen der Konsumenten liegen.[363] Diese subjektiven Elemente wohnen jeder geographischen Herkunftsangabe unabhängig von ihrer rechtlichen Kategorisierung inne und müssen bei deren Rechtsschutz berücksichtigt werden. Die qualifizierten geographischen Herkunftsangaben unterscheiden sich von den einfachen hinsichtlich des Schutzinhalts nur insoweit, als bei den ersteren die Qualitätsmerkmale sich so konkretisiert haben, dass ein rein objektiver Tatbestand zur Gewährung eines zusätzlichen Schutzinhalts festgelegt wird.[364] Eine qualitative Wertschätzung im Publikum gebührt auch den einfachen geographischen Herkunftsangaben.[365]

---

358 *Rauffus*, Der internationale Schutz geografischer Herkunftsangaben, S. 45; *Kahler*, Die geographische Herkunftsangabe an der Schnittstelle zwischen Markenrecht und Wettbewerbsrecht, S. 106; *Büscher*, Festschrift Erdmann, S. 237 (240).

359 *Grumbrecht*, Die geografische Herkunftsangabe als Immaterialgut im System des europäischen Rechtsschutzes der geografischen Angaben und Ursprungsbezeichnungen, S. 42.

360 *Beier*, GRUR Int 1977, 1 (9).

361 *Loschelder*, Festschrift Tilmann, S. 403 (404).

362 *Rauffus*, Der internationale Schutz geografischer Herkunftsangaben, S. 76.

363 *Tilmann*, Die geographische Herkunftsangabe, S. 55.

364 Vgl. *Hacker*, in: Ströbele/Hacker, MarkenG, § 127 Rn. 30.

365 *Rauffus*, Der internationale Schutz geografischer Herkunftsangaben, S. 64.

5. *Bewertung der* „Himalaya Salz“*-Entscheidung des BGH*

Bei der Umsetzung der Durchsetzungsrichtlinie durch die Markenrechtsnovelle 2008[366] hat der deutsche Gesetzgeber zum ersten Mal klargestellt, dass die geographischen Herkunftsangaben geistige Eigentumsrechte darstellen.[367] Geändert wurden bezüglich der geographischen Herkunftsangaben nicht etwa die Definition und der Schutzinhalt, sondern nur die Rechtsfolgen der Verletzungen (§ 128 Abs. 1 Satz 3 und Abs. 2 Satz 3 MarkenG) und das Nennen des „berechtigten Nutzers“ (§ 128 Abs. 2 Satz 1 MarkenG) der geographischen Herkunftsangaben als Inhabers vom Schadensersatzanspruch. Die Rechtsnatur der geographischen Herkunftsangaben war somit nicht Gegenstand der Richtlinie bzw. deren Umsetzung in Deutschland.[368] Diese Änderung nahm der BGH jedoch als Anlass, in der Entscheidung „Himalaya Salz“ den geographischen Herkunftsangaben etwas unerwartet einen kennzeichenrechtlichen Schutz zuzusprechen, obwohl die Frage der Rechtsnatur nicht entscheidungserheblich war.[369] Dementsprechend fehlt eine ausführliche Auseinandersetzung mit den bisherigen vertretenen Literaturmeinungen, die man vom BGH bei Aufgabe einer bisherigen Rechtsprechung durchaus erwarten kann.[370] Insbesondere leuchtet es nicht ein, warum der frühere Haupteinwand gegen die kennzeichenrechtliche Zuordnung, nämlich das Fehlen des Rechtsträgers, durch die Durchsetzungsrichtlinie ausgeräumt werden sollte. Zwar hat diese Richtlinie bewirkt, dass § 128 Abs. 2 Satz 1 MarkenG nunmehr vom „berechtigten Nutzer“ spricht. Es ist jedoch nicht ersichtlich, dass sie den Kreis der „Rechtsinhaber“ in irgendeiner Form konstitutiv festlegt. Vielmehr ist davon auszugehen, dass die „Rechtsinhaber“ von geographischen Herkunftsangaben, die aufgrund ihres kollektiven Wesens lediglich nicht individualisierbar sind, von vornherein als Kollektiv existieren und nach Vorgaben der Richtlinie mit Schadensersatzansprüchen

366 Gesetz zur Verbesserung der Durchsetzung von Rechten des geistigen Eigentums vom 7. Juli 2008 (BGBl. I S. 1191).

367 BT-Drs. 16/5048, S. 29: „Geographische Herkunftsangaben zählen jedoch auch, soweit nach innerstaatlichem und europäischem Recht ein Schutz besteht, zu den geistigen Eigentumsrechten. . .“

368 *Sosnitza*, WRP 2018, 647 (651); *Kiefer*, WRP 2016, 1458 (1461).

369 BGH, Urteil vom 31.03.2016 – I ZR 86/13, GRUR 2016, 741 (742 Rn. 13) – *Himalaya Salz*: „Vielmehr hat sich der Schutz geografischer Herkunftsangaben nach dem Markengesetz zu einem kennzeichenrechtlichen Schutz fortentwickelt.“; ähnlich auch *Büscher*, GRUR Int 2008, 977 (983).

370 Vgl. *Kiefer*, WRP 2016, 1458 (1459).

ausgestattet werden sollen.[371] Letztendlich beruhte die Warsteiner-Rechtsprechung des BGH auf einem zu engen Verständnis vom Ausschließlichkeitscharakter, das zur Ablehnung der Subjektivität der geographischen Herkunftsangaben führte.[372] Denn ein subjektives Recht setzt nicht einen nach dem quantitativen Verständnis festzulegenden Rechtsträger voraus. Selbst das Eigentum kann in Form des Miteigentums nach Bruchteilen mehreren Personen zustehen.[373] Maßgeblich für die Ausschließlichkeit eines subjektiven Rechts ist vielmehr ein qualitatives Verständnis.[374] Es genügt, dass sich seine Träger anhand festgelegter Kriterien bestimmen lassen.[375] Bei den geographischen Herkunftsangaben richtet sich der Kreis der Rechtsinhaber nach dem Tatbestand der rechtmäßigen Benutzung.[376] Die Nutzungsberechtigung, die wiederum nach dem geographischen Raum und gegebenenfalls noch nach weiteren objektiven Qualitätsmerkmalen zu bestimmen ist, legt den Kreis der Berechtigten bestimmbar fest. Die Nutzungsberechtigung ist nicht von der Zustimmung der bereits ansässigen Unternehmen abhängig und steht grundsätzlich allen offen.[377] Diese kollektive Zuordnung der Rechtsträger ist durch die Eigenart der geographischen Herkunftsangaben bedingt und für die Gewährung des Kennzeichenschutzes unschädlich.[378]

Der Kursänderung vom BGH ist somit zwar im Ergebnis zuzustimmen. Ihre Begründung steht jedoch dogmatisch auf wackeligen Beinen[379] und die Entscheidung kann als eine unglückliche „Verlegenheitslösung"[380] bezeichnet werden. Im Interesse einer einheitlichen Interpretation von den geographischen Herkunftsangaben wäre es seitens der Rechtsprechung konsequenter gewesen, diese bereits beim Inkrafttreten des Markengesetzes als subjektive

371 Vgl. Erwägungsgrund 26 und Art. 13 RL 2004/48/EG.

372 *Kiefer*, Geographischer Irreführungsschutz, S. 27.

373 *Sosnitza*, MarkenR 2000, 77 (78).

374 *Sosnitza*, MarkenR 2000, 77 (78).

375 *Kiefer*, Geographischer Irreführungsschutz, S. 28.

376 *Fezer*, Markenrecht, § 126 Rn. 6, 13.

377 *Lange*, Marken- und Kennzeichenrecht, § 4 Rn. 2346.

378 Vgl. *Loschelder*, Festschrift Fezer, S. 711 (721).

379 Vgl. *Sosnitza*, jurisPR-WettbR 8/2016 Anm. 1, der zu Recht drauf hinweist, dass die Durchsetzungsrichtlinie nur die Rechtsfolgen bei der Verletzung der Rechte des geistigen Eigentums harmonisiert und die einzelnen Gegenstände des geistigen Eigentums nicht festlegt.

380 So *Kiefer*, WRP 2016, 1458 (1459); *ders.*, Geographischer Irreführungsschutz, S. 32.

Rechte anzusehen.[381] Denn auch das Markengesetzt bezweckt ausdrücklich den Schutz der Wertschätzung der geographischen Herkunftsangaben, die auf unternehmerischen Leistungen der Ortsansässigen beruhen.[382] In den Angaben liegt eine Individualisierung dieser Leistungen, mit der die Ortsansässigen eine Unterscheidung von Leistungen der anderen schaffen wollen.[383] Die Unterscheidungskraft beruht dabei auf dem Herkunftshinweis.[384] Die Vorschriften des MarkenG stellen somit nach (den großzügigen) Maßstäben des EuGH eine staatliche Anerkennung der subjektiven Rechte an geographischen Herkunftsangaben dar.[385]

IV. Die grundsätzliche Eignung der staatlichen Herkunft zum subjektiven Recht

Es ist somit festzustellen, dass im Einklang mit der EuGH – Rechtsprechung auch das deutsche Markenrecht die Eigenschaft des gewerblichen Eigentums und der subjektiven Rechte bei den geographischen Herkunftsangaben anerkennt. Im Mittelpunkt dieser Anerkennung steht stets die (mögliche) Wertschätzung unter den Verbrauchern, die geographischen Herkunftsangaben bzw. ihre Ortsansässigen durch ihre Leistungen gewinnen können. Die EuGH – Rechtsprechung und die gesetzgeberischen Tätigkeiten der EU haben den Kurswechsel der deutschen Rechtsprechung ausgelöst. Die geänderte BGH – Rechtsprechung ist zwar in ihrer dogmatischen Begründung nicht überzeugend. Es ist im Ergebnis dennoch begrüßenswert, dass in Sachen Schutz der geographischen Herkunftsangaben der Anschluss zum europäischen Recht ermöglicht wird und man bei der Auslegung der §§ 126 ff. MarkenG nunmehr der Qualität der subjektiven Rechte Rechnung tragen muss.

Aus der obigen Analyse ergibt sich ferner, dass die Angabe der staatlichen Herkunft trotz ihrer strukturellen Schwächen ebenfalls geeignet ist, als

---

381 Vgl. *Loschelder*, Festschrift Fezer, S. 711 (712, 714 ff.), der zutreffend bei den geographischen Herkunftsangaben von einem europäischen Recht ausgeht und daher für eine Auslegung nach europäischen Grundsätzen ausspricht; Vgl. ferner *Fezer*, Markenrecht, § 126 Rn. 8, der die Befugnis des Gesetzgebers bezweifelt, die Rechtsnatur der geographischen Herkunftsangaben in rechtstheoretischer Hinsicht zu bestimmen.

382 Vgl. hierzu *Fezer*, Markenrecht, Einl. C Rn. 15 in Bezug auf Marken.

383 Vgl. *Glaus*, Geographische Herkunftsangabe als Kennzeichen, S. 4.

384 Vgl. *Klingstein*, Schutz geographischer Angaben und Ursprungsbezeichnungen in Europa, S. 22.

385 Vgl. *Marx*, in: Fezer/Büscher/Obergfell, Lauterkeitsrecht Band 1, S 10, Rn. 19.

gewerbliches Eigentum der Ortsansässigen und Träger von subjektiven Rechten zu fungieren. Sie stellt nicht nur begrifflich eine einfache geographische Herkunftsangabe dar. Sie ist wie andere geographische Herkunftsangaben auch funktional geeignet, Wertschätzung bei Verbrauchern zu erfahren und eine wichtige Einnahmequelle für die inländischen Produzenten zu schaffen. Der EuGH hat zu Recht auf die Möglichkeit eines guten Rufs abgestellt und nicht auf das tatsächliche Bestehen der Wertschätzung. Es ist ohnehin nicht möglich, den Grad der Wertschätzung einer Herkunftsangabe gesetzlich zu bewerten und den kennzeichenrechtlichen Schutz davon abhängig zu machen. Daraus folgt, dass eine einfache geographische Herkunftsangabe, mit der der Verkehr (noch) keine besondere Wertschätzung verbindet, auch schutzfähig- und würdig ist.[386] Die Kennzeichnung der Produktherkunft kann durchaus auch negative Wirkungen entfalten, weil mit ihr Vorurteile oder Gefahrvorstellungen der Verbraucher verbunden sind.[387] Das Fehlen einer positiven Akzeptanz unter dem Publikum hat möglicherweise Auswirkung auf den Schutzinhalt des subjektiven Rechts.[388] Für die rechtliche Qualifizierung als gewerbliches Eigentum spielt es jedoch keine Rolle, ob es sich um die Angabe der Herkunft eines traditionellen Industriestaates wie Deutschlands mit vermeintlichem „gutem Image" oder eines wirtschaftlich aufsteigenden Landes wie Chinas, das sich noch in der Phase der weltweiten Imagekampagne befindet. Die Herkunftsfunktion der geographischen Herkunftsangaben wird vom Gesetz völlig wertungsneutral gewährt und der kennzeichenrechtliche Schutz steht allen Herkunftsangaben offen. Auch der Markenschutz wird unabhängig vom Ansehen gewährt und enthält keine positive Wertung über die Kennzeichen. Zwar überwiegen in der Praxis die Fälle, in denen eine geographische Herkunftsangabe erst dann benutzt wird, wenn sich die Waren eines geographischen Gebiets in der Verbraucherschaft bereits eine gewisse Wertschätzung und Beliebtheit errungen haben. Dies ist jedoch ausschließlich auf die unternehmerische Entscheidung der Ortsansässigen zurückzuführen. Eine geographische Herkunftsangabe kann auch als Entwicklungshelferin beim Aufbau eines guten Rufs genutzt werden.[389] Die Nutzung einer geographischen Herkunftsangabe kann daher der

386 *Gruber*, in: v. Schultz, Kommentar zum Markenrecht, § 126 Rn. 3.
387 *Ahrens*, GRUR Int 1997, 508 (514).
388 Dies macht bereits § 127 Abs. 3 MarkenG deutlich.
389 *Tilmann*, Die geographische Herkunftsangabe, S. 16.

Bildung deren guten Rufs vorausgehen. Die Geschichte von „Made in Germany" ist gerade ein Paradebeispiel dafür.

V. Die Entstehung des subjektiven Rechts durch aktive Benutzung der geographischen Herkunftsangabe

1. Konstitutive Bedeutung der Benutzung für die geographische Herkunftsangabe

Das abstrakte Entwicklungspotential einer geographischen Herkunftsangabe reicht für sich aber noch nicht aus, um subjektive Rechte an der Angabe zu begründen. Die Wertschätzung an einem Herkunftshinweis kann nicht entstehen, wenn der Verkehr noch keine Gelegenheit erhalten hat, mit diesem in Berührung zu kommen.[390] Geographische Herkunftsangaben werden gemäß § 126 Abs. 1 MarkenG als Kennzeichen nur dann geschützt, wenn sie im geschäftlichen Verkehr zur Kennzeichnung der geographischen Herkunft *benutzt* werden. Auch der Gesetzgeber sprach damals von einem „*Recht zur Verwendung geographischer Herkunftsangaben*", das unter die Bedingung der „*zutreffenden Angabe der Herkunft*" gestellt wird.[391]

Aus einer bloßen Ortsangabe wird also erst dann eine geographische Herkunftsangabe, wenn der Hersteller oder Händler in ihrer Herkunft eine besondere Werbewirkung beim Verbraucher sieht und diese benutzt.[392] Ein schutzwürdiges und schutzfähiges Kennzeichnen entsteht also erst dann, wenn die Herkunftsangabe durch die berechtigten Ortsansässigen verwendet worden sind.[393] Es ist durchaus möglich, dass zwischen eigener Einschätzung der Ortsansässigen und fremder Wahrnehmung durch den Verkehr hinsichtlich der Aussagekraft der Herkunftsangabe eine Diskrepanz existiert. Ob es wirtschaftlich sinnvoll ist, die Produkte unter einer bestimmten Herkunftsangabe zu vertreiben, müssen die Ortsansässigen selbst für sich entscheiden. Rechtlich

---

390 Vgl. *Büscher*, GRUR Int 2005, 801 (803).

391 BT-Drs. 12/6581, S. 118.

392 Vgl. *Tilmannn*, Die geographische Herkunftsangabe, S. 14.

393 *Grumbrecht*, Die geografische Herkunftsangabe als Immaterialgut im System des europäischen Rechtsschutzes der geografischen Angaben und Ursprungsbezeichnungen, S. 51.

hat bereits die Benutzung für die Entstehung der subjektiven Rechte an einer geographischen Herkunftsangabe die konstitutive Wirkung.[394]

2. *Benutzung der Angabe einer staatlichen Herkunft*

Das Benutzungserfordernis gilt auch für die Angabe einer staatlichen Herkunft. Erforderlich ist in diesem Kontext, dass ein entsprechender Wille der inländischen Produzenten besteht, den Namen ihres *Landes* als Herkunftshinweis für ihre Produkte zu benutzen und hieran einen guten Ruf anzuknüpfen. Ferner muss eine Benutzungshandlung mit dem entsprechenden Kennzeichnungswillen stattgefunden haben. Es spielt keine Rolle, in welchem Umfang die Benutzung erfolgt.[395] Es ist auch unschädlich, dass die Herkunftsangabe keine besonderen objektiven Produkteigenschaften aufweist.[396]

Hinsichtlich „Made in Germany" kann angesichts der aktiven, branchenübergreifenden Benutzung in der Wirtschaft von einer solchen kennzeichenrechtlichen Benutzung ausgegangen werden. Der Bezeichnung kommt in der Verkehrspraxis nicht lediglich eine Bedeutung der bloßen objektiven Ortangabe zu. Vielmehr beabsichtigen die ortsansässigen Unternehmen, die Verbraucher mit dem Kennzeichen aktiv auf den Produktionsort ihrer Waren hinzuweisen und von der Werbekraft des Kennzeichens zu profitieren, indem sie höhere Endverkaufspreise erzielen können.[397] Die Fälle in der Rechtsprechung mit Bezug auf „Made in Germany" zeigen auch, dass diese Bezeichnung häufig nicht in isolierter Form einer bloßen wörtlichen Wiedergabe, sondern gerade als Bestandteil der Werbeangabe auf dem Produkt bzw. dessen Verpackung eingesetzt wird.[398] Dadurch kommt der Wille der Produzenten, die

---

394 *Fezer*, Markenrecht, § 126 Rn. 13; *Hacker*, in: Ströbele/Hacker, MarkenG, § 126 Rn. 63; *Knaak*, GRUR 1995, 103 (105); *Marx*, in: Fezer/Büscher/Obergfell, Lauterkeitsrecht Band 1, S 10, Rn. 70; a.A. *Kiefer*, Geographischer Irreführungsschutz, S. 154 ff.

395 *Hacker*, in: Ströbele/Hacker, MarkenG, § 126 Rn. 63.

396 *Fezer*, Markenrecht, § 126 Rn. 15.

397 *Dück*, GRUR 2013, 576 (576).

398 Im Einzelnen beispielsweise: „Gnadenlos billig! Qualität made in Germany", LG Stuttgart, Urteil vom 27.02.2003 – 35 O 170/02, BeckRS 2012, 04888; Abbildung einer Deutschlandfahne auf der Produktverpackung mit dem Hinweis „Produziert in Deutschland", LG Düsseldorf, Urteil vom 14.07.2010 – 2a O 12/10, WRP 2010, 1420 – *„Made in Germany" bei Bestecken*; Werbung im Internet mit der siegelartig ausgestatteten Angabe „KONDOME – Made in Germany", BGH, Beschluss vom 27.11.2014 – I ZR 16/14, GRUR-RR 2015, 209 – *Kondome Made in Germany*.

geographische Herkunftsangabe zu ihrem wirtschaftlichen Gunsten zu benutzen, eindeutig zum Ausdruck.

Hinsichtlich „Made in China“ ist einerseits festzustellen, dass derzeit eine solche kennzeichenmäßige Benutzung trotz seiner weiten Verbreitung in vielen Fällen nicht eindeutig zu erkennen ist. Jedenfalls in Fällen, in denen die Waren im Auftrag der ausländischen Markenhersteller im Rahmen deren Produktionsverlagerung nach China dort angefertigt und anschließend mit „Made in China“ in Form eines „Kleingedruckten“ versehen werden (beispielsweise auf Textiletiketten oder Bodenetiketten von Elektrogeräten), kann nicht von einem eindeutigen Kennzeichengebrauch der geographischen Herkunftsangabe durch die chinesischen Fabriken oder die wirtschaftlich verantwortlichen ausländischen Hersteller ausgegangen werden. In solchen Fällen ist weder subjektiv ein Kennzeichnungswille der Ortsansässigen noch objektiv eine Werbewirkung in Verbindung mit der Ortsangabe erkennbar. Vielmehr beschränkt sich die Wirkung der Angabe auf eine bloße Information an den Verkehr. Anderseits sind aus einer Gesamtbetrachtung des Wirtschaftslebens die Präsenz von „Made in China“ und die Wahrnehmung durch den Verkehr als Herkunftshinweis nicht zu unterschätzen. Auch wenn die Bezeichnung zurzeit ein umstrittenes oder sogar negatives Image aufweist, besitzt sie das Potenzial, Wertschätzung unter den deutschen Verbrauchern zu erfahren und sich auf dem deutschen Markt zu einem Träger des kollektiven Goodwills zu entwickeln. Gleichzeitig sind der wirtschaftliche und politische Wille sowie das nationale Bewusstsein innerhalb der chinesischen Wirtschaft eindeutig erkennbar, sich von der traditionellen Rolle der Werkbank der Welt zu verabschieden und mit „Made in China“ die Stärke der eigenen Fertigungsindustrie zu demonstrieren.[399] Die konsequente Verwendung einer geographischen Herkunftsangabe führt regelmäßig dazu, dass sich die Qualität der mit ihnen gekennzeichneten Erzeugnissen verbessert.[400] Aus diesen Gründen muss „Made in China“ die kennzeichenrechtliche Eigenschaft nach dem Markengesetz grundsätzlich zugesprochen werden. Im markenrechtlichen Kontext fehlt den chinesischen Produzenten noch das Bewusstsein für das Kennzeichnungspotenzial von „Made in China“. Es ist aber durchaus möglich und auch realistisch, dass der Kennzeichenschutz für „Made in China“ in Zukunft von der chinesischen Seite vermehrt beansprucht wird.

399 *Zenglein*, Informationen zur politischen Bildung Nr. 337/2018, S. 64 (66).
400 *Schulte-Beckhausen*, GRUR Int 2008, 984 (988).

VI. Zwischenergebnis

Die geographischen Herkunftsangaben werden nach dem deutschen Markengesetz als Kennzeichen und somit als Träger von subjektiven Rechten geschützt. Dieser Befund ergibt sich aus der Analyse der einschlägigen EuGH – Rechtsprechung, die die einfachen geographischen Herkunftsangaben bereits aufgrund ihrer potentiellen Wertschätzung unter den Verbrauchern als gewerbliches und geistiges Eigentum einstuft. Nachdem auch der BGH sich von seiner wettbewerbsrechtlichen Interpretation von geographischen Herkunftsangaben verabschiedet hat, sind die Vorschriften der §§ 126 ff. MarkenG in Zukunft im Licht des Kennzeichenschutzes auszulegen. Dieser Kennzeichenschutz steht auch der Angabe einer staatlichen Herkunft offen, die sich trotz ihrer Besonderheiten in das Schutzsystem der geographischen Herkunftsangaben einfügt. Voraussetzung für den Schutz der staatlichen Herkunft als Träger der subjektiven Rechte ist, dass diese im geschäftlichen Verkehr von den inländischen Produzenten tatsächlich als Herkunftshinweis benutzt wird, um die Wertschätzung unter den Verbrauchern zu gewinnen. Gemessen an den oben genannten Kriterien steht „Made in China“ zukünftig der kennzeichenrechtliche Schutz zu.

5. Teil: Inhalt und Schutzumfang des subjektiven Rechts an „Made in China“

Vorstehend wurden die Gründe für einen kennzeichenrechtlichen Schutz der staatlichen Herkunft untersucht. Der Angabe einer staatlichen Herkunft kommt demnach ein Charakter des subjektiven Rechts zu, wenn die Hersteller des betreffenden Landes sie im geschäftlichen Verkehr zur Kennzeichnung der Herkunft ihrer Waren und in Bemühung um die Wertschätzung des Publikums benutzen. Dies ist bei „Made in China“ jedenfalls zukünftig der Fall. Mit der Entscheidung über die rechtliche Zuordnung von der Herkunftsangabe wird nicht lediglich eine dogmatische Streitfrage beantwortet. Vielmehr müssen die Auslegung und Anwendung der Schutzvorschriften dem subjektiven Rechtscharakter der geographischen Herkunftsangaben Rechnung tragen. Vor diesem Hintergrund ist es die Aufgabe des vorliegenden Teils, den Inhalt und Schutzumfang der Herkunftsangabe „Made in China“ durch eine kennzeichenrechtliche Analyse der einschlägigen Schutzvorschriften des Markengesetzes herauszuarbeiten.

Es gilt an dieser Stelle, nochmals auf die Interessen der chinesischen Wirtschaft an einem subjektiven Rechtsschutz von „Made in China“ durch §§ 126 ff. MarkenG hinzuweisen. Anders als beim wettbewerbsrechtlichen Schutz, der gegen die unlauteren Geschäftspraktiken der Wirtschaftsteilnehmer gerichtet ist, wollen die „Inhaber“ einer geographischen Herkunftsangabe im Rahmen des Kennzeichenschutzes durch den Einsatz der Verbotstatbestände in §§ 126 ff. MarkenG die Wertschätzung der Angabe unter dem Publikum aufbauen und dadurch ihre eigenen wirtschaftlichen Interessen sichern. Die Angabe der Herkunft aus China soll aus Sicht des chinesischen Staates und der chinesischen Hersteller als Symbol für die wirtschaftliche Stärke Chinas dienen und zum Aufbau eines guten Rufs der chinesischen Produkte beitragen. Die Angabe „Made in China“ soll nicht wie bislang in erster Linie für billige und massenhaft angefertigte Waren, sondern möglichst nur für qualitativ hochwertige Produkte eingesetzt werden.

A. Das Benutzungsrecht der geographischen Herkunftsangaben

I. Das Wesen des Benutzungsrechts

Es stellt sich die Frage nach dem grundlegenden Inhalt des subjektiven Rechts an einer geographischen Herkunftsangabe. Grundsätzlich sind die subjektiven Rechte auf Beherrschung eines wirtschaftlich bedeutsamen Gegenstands oder eines anderen unkörperlichen Guts gerichtet, beispielsweise das Eigentum auf die Beherrschung einer körperlichen Sache oder das Patent auf die Beherrschung einer geistigen Erfindung. Der Berechtigte darf das beherrschte Gut auf Dauer oder auf Zeit benutzen und andere von der Benutzung ausschließen. Diese Ausschließungsfunktion stellt den wesentlichen Charakter eines subjektiven Rechts dar.[401] Auch die geographischen Herkunftsangaben weisen ein solches Element der Beherrschung dieser Kennzeichen auf, deren Benutzung den berechtigten Ortsansässigen vorbehalten werden soll. Es versteht sich deswegen von selbst, dass die Ortsansässigen nur dann in den Genuss der wirtschaftlichen Vorteile der geographischen Herkunftsangaben kommen können, wenn sie diese im geschäftlichen Verkehr für ihre Produkte benutzen dürfen. In der Begründung des Gesetzesentwurfs war dementsprechend von dem „*Recht zur Verwendung geographischer Herkunftsangaben*“ die Rede.[402] Die Benutzung der geographischen Herkunftsangaben durch die Ortsansässigen ist nach dem kennzeichenrechtlichen Verständnis nicht mehr lediglich die Reflexwirkung des Irreführungsschutzes zugunsten der Verbraucher, sondern stellt zugleich eine genuine Ausübung des subjektiven Rechts an den Kennzeichen dar. Im Rahmen des Markenschutzes wird diskutiert und sich dafür ausgesprochen, dass eine Marke ihrem Inhaber neben dem negativen Verbietungsrecht auch ein positives Benutzungsrecht an der Marke einräumt.[403] Demnach stellt die Benutzung der Marken nicht lediglich eine natürliche Handlung bzw. eine Tätigkeit der allgemeinen Gewerbefreiheit dar, sondern ist auch als Ausübung der Rechtsposition durch den Markeninhaber zu verstehen. Dementsprechend wird auch für die geographischen Herkunftsangaben ein positives Benutzungsrecht der Berechtigten angenommen.[404]

---

401 *Medicus/Petersen*, BGB Allgemeiner Teil, S. 39.

402 BT-Drs. 12/6581, S. 118.

403 Zustimmend *Fezer*, Markenrecht, § 14 Rn. 12; *Lehmann/Schönfeld*, GRUR 1994, 481 (485); *Eichmann*, GRUR 1995, 184 (194); *Pahlow*, MarkenR 2006, 97.

404 *Lindacher*, Festschrift Müller-Graff, S. 649 (651); *Marx*, in: Fezer/Büscher/Obergfell, Lauterkeitsrecht Band 1, S 10 Rn. 42; *Reinhard*, Die geographische Herkunftsangabe

Dieser Ansicht ist zu folgen. Der subjektive Rechtsschutz der geographischen Herkunftsangaben ist wegen der dogmatischen Notwendigkeit, den Kreis der Berechtigten durch bestimmbare Kriterien festlegen zu können, auf die Anerkennung ihres positiven Benutzungsrechts angewiesen. Der Ausschließlichkeitscharakter der geographischen Herkunftsangaben wirkt nämlich nur gegenüber solchen Dritten, die die Voraussetzungen zur Benutzung einer geografischen Herkunftsangabe nicht erfüllen.[405] Schwerpunktmäßig geht es beim Benutzungsrecht einer geographischen Herkunftsangabe nicht um das „Ob", sondern um das „Wie" der Benutzung. Während das Benutzungsrecht bei Marken überwiegend eine dogmatische Präzision des Schutzinhalts zum Zweck hat[406] und die Identität der Markeninhaber bereits kraft ihrer Registerstellung festgelegt werden können, steht das Benutzungsrecht der geographischen Herkunftsangaben in einer Wechselwirkung zum Verbietungsrecht und bestimmt zugleich den Kreis der Berechtigten. Es stellt das Zentralstück des subjektiven Rechtsschutzes der geographischen Herkunftsangaben dar. Denn nur wenn die Voraussetzungen des Benutzungsrechts festgestellt werden, kann durch Umkehrschluss ermittelt werden, wann das Verbietungsrecht im Fall eines Verstoßes gegen die Nutzungsbedingungen eingreift und die Ausschlusswirkungen des subjektiven Rechts auslöst. Die Erfüllung der Benutzungsvoraussetzungen macht den Betroffenen zugleich zu dem Berechtigten des subjektiven Rechts und zu dem Aktivlegitimierten des Abwehranspruchs.[407]

II. Die Konkretisierung und der Schutz des Benutzungsrechts im MarkenG

Das Benutzungsrecht an den geographischen Herkunftsangaben wird zunächst konkretisiert durch die Vorschriften des generellen Schutzes im Markengesetz, nämlich durch §§ 126 ff. MarkenG. Es bleibt zunächst dahingestellt, ob der Kennzeichenschutz der geographischen Herkunftsangaben einer Modifizierung der Schutzvorschriften bedarf.[408] Solange der Gesetzgeber noch nicht tätig

nach dem Markengesetz unter Berücksichtigung internationaler Regelungen, S. 134, der von „Zuweisungsgehalt" der geographischen Herkunftsangaben spricht; OLG Hamburg, Urteil vom 24.07.2003 – 3 U 156/98, GRUR-RR 2004, 36 (37) – *Spreewälder Gurken*.

405 *Fezer*, Markenrecht, § 126 Rn. 6.

406 Vgl. *Pahlow*, MarkenR 2006, 97 (104).

407 Vgl. BGH, Urteil vom 28.06.2007 – I ZR 49/04, GRUR 2007, 884 – *Cambridge Institute*; *Lettl*, WRP 2008, 446 (453).

408 Dafür plädiert *Loschelder*, Festschrift Fezer, S. 711 (713).

wird, bilden diese in ihrer aktuellen Fassung nach wie vor das Zentralstück für den (generellen) Schutz der geographischen Herkunftsangaben. Es ist im Hinblick auf die bei der Analyse der wettbewerbsrechtlichen Rechtsprechung zu Angaben von staatlicher Herkunft aufgezeigte Rechtsunsicherheit vor allem das Ziel einer kennzeichenrechtlichen Auslegung dieser Vorschriften (Ausführungen unter dem Punkt B.), die Interessen der inländischen Produzenten an der wirtschaftlichen Nutzung der Angabe ihrer staatlichen Herkunft anstelle der Interessen der Verbraucher an irreführungsfreien Angaben in den Vordergrund zu stellen und den Schutzinhalt möglichst an objektivierte Bestimmungen zu richten.

Die generellen Schutzvorschriften sollen das Benutzungsrecht aller geographischen Herkunftsangaben allgemein regeln und können möglicherweise die spezifischen Bedürfnisse von einzelnen geographischen Herkunftsangaben nicht hinreichend berücksichtigen. Dass weitere Kriterien zur Bestimmung des Benutzungsrechts benötigt werden können, zeigt bereits die Existenz des § 137 MarkenG, der die Befugnisse der Exekutive zur Konkretisierung der einzelnen geographischen Herkunftsangaben vorsieht. Vor allem § 137 Abs. 2 MarkenG liefert Aufschlüsse über weitere konkretisierungsbedürftige Punkte des Benutzungsrechts. Durch diese Vorschrift hat der Gesetzgeber Konkretisierungshinweise für Fälle hinterlassen, in denen normative Regelungen für die einzelnen geographischen Herkunftsangaben notwendig oder zweckmäßig sind.[409] Die Voraussetzungen der Benutzung beruhen zunächst auf einer unmittelbaren Zuweisung der Angabe zu einem geographischen Raum und können nur von Ortsansässigen erfüllt werden.[410] Was allerdings unter den „Ortsansässigen“ zu verstehen ist und wo die Grenzen des einschlägigen Herkunftsgebiets zu ziehen sind, haben eine unmittelbare Bedeutung für den Umfang des Benutzungsrechts und müssen weiter konkretisiert werden. Zu den weiteren Benutzungsvoraussetzungen, die nach Vorstellung des Gesetzgebers konkretisierungsbedürftig sind, gehören besondere Eigenschaften und Qualität nach § 127 Abs. 2 MarkenG und die Art und Weise der Verwendung der geographischen Herkunftsangabe.

Wenn bereits der Gesetzgeber die Notwendigkeit gesehen hat, dass das Benutzungsrecht der geographischen Herkunftsangaben in Einzelfällen sogar von Amts wegen konkretisiert werden kann bzw. muss, muss diese Notwendigkeit rechtens auch für die berechtigten Ortsansässigen gelten, die ein

---

409 BT-Drs. 12/6581, S. 123.

410 Vgl. *Kiefer*, Geographischer Irreführungsschutz, S. 28.

gemeinsames Interesse am guten Ruf ihrer Angaben haben und ihr subjektives Recht wirtschaftlich verwerten wollen. Dies gilt gerade auch für „Made in China", deren Verwendung nach dem Willen der Ortsansässigen nicht wie bisher in massenhafter Weise, sondern nur unter bestimmten qualitativen Bedingungen erfolgen soll.

Eine erfolgreiche Entwicklung der geographischen Herkunftsangaben kann jedoch allein durch die Tätigkeiten des Staates nicht gesichert werden. Vielmehr ist auch die Eigeninitiative der Ortsansässigen gefragt.[411] Während der Erlass einer Rechtsverordnung nach § 137 MarkenG von den rechtspolitischen Interessen des zuständigen Ministeriums abhängig ist und daher für die Ortsansässigen nicht als ernsthafte Option zur Gestaltung des Benutzungsrechts in Betracht kommt, könnten ihre spezifischen Interessen durch die geographischen Kollektivmarken, die sowohl national als auch europäisch für den (spezifischen) Schutz von einzelnen geographischen Herkunftsangaben beansprucht werden können, befriedigt werden. Durch das Instrument des kollektiven Markenschutzes wollte der Staat den Ortsansässigen eine geeignete Organisationsform für ihre Qualitätspolitik zur Verfügung stellen.[412] Es soll daher unter dem Punkt C. untersucht werden, ob der kollektive Markenschutz der chinesischen Herkunft bzw. „Made in China" zugänglich ist und ob dieser für das rechtliche und zugleich auch das politische Ziel von „Made in China" bedient werden kann, sich von den alten Klischees zu befreien und einen positiven Ruf aufzubauen.

B. Vorschriften des generellen Schutzes – §§ 126 ff. MarkenG

I. Die Systematik der Schutzvorschriften im Markengesetz

Der generelle Kennzeichenschutz der geographischen Herkunftsangaben ist nach dem Markengesetz mit negatorischen Ansprüchen ausgestattet und steht dadurch den wettbewerbsrechtlichen Regelungen nahe.[413] Wie bereits erwähnt, enthalten die Vorschriften im Markengesetz, anders als bezüglich der Marken und der geschäftlichen Bezeichnungen (vgl. § 14 Abs. 1 und § 15 Abs. 1 MarkenG), keine ausdrückliche Deklaration über den ausschließlichen Charakter der geographischen Herkunftsangaben. Die Nutzungsberechtigung,

411 *Tilmann*, Die geographische Herkunftsangabe, S. 351.

412 Vgl. *Tilmann*, Die geographische Herkunftsangabe, S. 352.

413 Vgl. *Loschelder*, Festschrift Fezer, S. 711 (715) mit dem Verweis auf das gesamte Abwehrsystem im deutschen Markengesetz; *Bornkamm*, GRUR 2011, 1 (8).

der nach vorstehenden Ausführungen[414] ein konstitutive Bedeutung für den Kreis der Rechtsinhaber zukommt, wird gesetzlich nur durch die Verbotstatbestände negativ formuliert.[415] Der generelle Schutz für das subjektive Recht an einer geographischen Herkunftsangabe ist durch die Verbotstatbestände des § 127 MarkenG und die nach § 128 MarkenG gegen den Verletzer gerichteten Abwehransprüche zu erfolgen. Die Frage, unter welchen Voraussetzungen die Verstöße gegen § 127 MarkenG festgestellt und somit die Abwehransprüche ausgelöst werden können, hat daher eine unmittelbare Bedeutung für den Umfang des generellen Schutzes der geographischen Herkunftsangaben.

§ 127 MarkenG sieht je nach der Art der geographischen Herkunftsangabe drei Verbotstatbestände vor, die im Fall eines Verstoßes vor allem Unterlassungs- und Schadensersatzansprüche auslösen können. Für den kennzeichenrechtlichen Schutz der staatlichen Herkunft, die nach vorstehenden Ausführungen[416] nur als eine einfache geographische Herkunftsangabe geschützt werden kann, kommt dem Irreführungsschutz gemäß § 127 Abs. 1 MarkenG, bei dem nach dem wettbewerbsrechtlichen Schutzmodell die Verkehrsauffassung im Mittelpunkt steht, nach wie vor die zentrale Bedeutung zu. Es ist im Folgenden hinsichtlich des subjektiven Rechtscharakters der geographischen Herkunftsangaben zu untersuchen, ob dieser auf die subjektive Verkehrssicht abgestellte Schutz der Kennzeichenrechtsnatur der Herkunftsangaben gerecht werden kann oder ob eine Objektivierung des Umfangs des Irreführungsschutzes möglich ist.

II. Der Irreführungsschutz nach § 127 Abs. 1 MarkenG

1. *Die Bedeutung der Verkehrsauffassung für den Schutzumfang des subjektiven Rechts*

Nach der wettbewerbsrechtlichen Interpretation entscheidet die Verkehrsauffassung zunächst darüber, ob eine geographische Herkunftsangabe überhaupt vorliegt und der sachliche Anwendungsbereich von § 127 Abs. 1 MarkenG eröffnet ist.[417] Diese verkehrsorientierte Bestimmung des Schutzgegenstandes ist

---

414 Unter 5. Teil A.

415 *Kiefer*, Geographischer Irreführungsschutz, S. 162.

416 Unter 3. Teil B. II. 2.

417 BGH, Urteil vom 02.07.1998 – I ZR 55/96, GRUR 1999, 252 (255) – *Warsteiner II*; BGH, Urteil vom 25.01.2001 – I ZR 120/98, GRUR 2001, 420 (421) – *SPA*; *Ingerl/Rohnke*, Markengesetz, § 126 Rn. 2; *Büscher*, in: Büscher/Dittmer/Schiwy, Gewerblicher Rechtsschutz, § 126 MarkenG Rn. 21.

angesichts der kennzeichenrechtlichen Qualifizierung der §§ 126 ff. MarkenG nunmehr nicht haltbar.[418] Das Bestehen des subjektiven Rechts an einer geographischen Herkunftsangabe darf nicht von der subjektiven Empfindung des angesprochenen Verkehrs abhängig gemacht werden. Im Einklang mit vorstehenden Ausführungen[419] liegt eine geographische Herkunftsangabe im kennzeichenrechtlichen Sinne vor, wenn sie geeignet ist, Wertschätzung unter den Verbrauchern zu erfahren und die Ortsansässigen sie in ihrer Bemühung um eine solche Wertschätzung für ihre Produkte benutzen. Für die Angaben von staatlicher Herkunft in Form des „Made in" – Kennzeichens hat diese Streitfrage jedoch ohnehin eine geringe Bedeutung. Denn auch nach der Verkehrsauffassung dürfte eine geographische Herkunftsangabe wie etwa bei „Made in China" unproblematisch vorliegen.

Es stellt sich im Rahmen des Kennzeichenschutzes der staatlichen Herkunft schwerpunktmäßig vielmehr die Frage auf der Ebene des Irreführungstatbestands, ob die von der Rechtsprechung zum wettbewerbsrechtlichen Schutz aufgestellte Formel, wonach diejenige Herstellungsschritte, die aus Sicht des angesprochenen Verkehrs den Marktwert des Produktes ausmachen, in dem angegebenen Land stattfinden müssen,[420] weiterhin aufrechterhalten werden kann. Diese Fragestellung ist im Hinblick auf die Rechtsnatur der geographischen Herkunftsangaben deshalb berechtigt, weil die Verkehrsauffassung nach dieser Formel über die Frage der rechtmäßigen Benutzung der Angabe einer staatlichen Herkunft entscheidet und dadurch auch den Schutzbereich des subjektiven Rechts mitbestimmt, während die „Rechtsinhaber" einer geographischen Herkunftsangabe ein legitimes Interesse an einem konstanten, von subjektiven Einschätzungen möglichst abgekoppelten Schutzbereich haben. Je mehr die subjektiven Wertungsspielräume bei der Auslegung eröffnet werden, desto weniger Rechtssicherheit wird zugunsten der Ortsansässigen gewährleistet.[421] Um ein hohes Schutzniveau für die Kennzeichenrechte zu gewährleisten,

418 Siehe ausführlich *Kiefer*, Geographischer Irreführungsschutz, S. 149 ff.

419 Unter 4. Teil B. V.

420 Vgl. die vorstehenden Ausführungen unter 3. Teil C. I.

421 Vgl. *Wulf*, "Made in Germany", S. 161, die auf die Unzulänglichkeiten des von der Verkehrsauffassung abhängigen Schutzes hinweist; Vgl. ferner *Kiefer*, WRP 2016, 1458 (1465), der darauf hinweist, dass die Verkehrsauffassung auch die Nichtortsansässigen einbeziehen könnte, so dass die geographische Herkunftsangabe in diesem Fall zu verwässern drohen würden.

soll bei der Auslegung der Schutzvorschrift soweit wie möglich auf objektive Kriterien abgestellt werden.[422]

Durch die Aufnahme der Irreführungsgefahr in den Verbotstatbestand des § 127 Abs. 1 MarkenG hat der Gesetzgeber des Markengesetzes an dem zum Wettbewerbsrecht ganz überwiegend vertretenen objektivrechtlichen Interessenschutz der geographischen Herkunftsangaben angeknüpft.[423] Allerdings erfüllt die Irreführung im Rahmen des § 127 Abs. 1 MarkenG eine andere Funktion als bei § 5 Abs. 1 UWG. Während die Irreführung im Rahmen des Wettbewerbsrechts als tatbestandsmäßige Verletzungshandlung gilt, definiert sie beim Kennzeichenschutz der einfachen geographischen Herkunftsangaben zugleich den Schutzumfang des subjektiven Rechts.[424]

Aufgrund des eindeutigen Wortlauts des § 127 Abs. 1 MarkenG bleibt die Irreführung als fester Bestandteil der Verbotsnorm, so dass die Relevanz der Verkehrsauffassung auch für den Kennzeichenschutz der geographischen Herkunftsangaben weiterhin nicht geleugnet werden darf.[425] Ohne Heranziehung der Verkehrsauffassung würde man die Irreführung nicht feststellen können. Ein komplett von der Verkehrsauffassung losgelöster Schutzumfang würde die Wortlautgrenze des § 127 Abs. 1 MarkenG überschreiten.

2. *Objektivierte Festlegung des Schutzumfangs*

Vor dem obigen Hintergrund ist es die Aufgabe der kennzeichenrechtlichen Auslegung des § 127 Abs. 1 MarkenG, die Bedeutung und Auswirkung der Verkehrsauffassung für den Schutzumfang des subjektiven Rechts unter Beachtung der Wortlautgrenze der Vorschrift zu beschränken. In diesem Sinne wird beispielsweise vorgeschlagen, den Irreführungsbegriff des § 127 Abs. 1 MarkenG unter Orientierung an die kennzeichenrechtliche Funktion der geographischen Herkunftsangaben auszulegen. Demnach dürften die Verbrauchervorstellungen im Rahmen der Ermittlung von Irreführung nur dann berücksichtigt werden, wenn sie kennzeichenrechtlich als schutzwürdig anzuerkennen seien

---

422 *Omsels*, WRP 2006, 434 (447).

423 *Fezer*, Festschrift Helm, S. 151 (155).

424 *Kiefer*, Geographischer Irreführungsschutz, S. 22.

425 Vgl. die Literaturstimmen für einen kennzeichenrechtlichen Schutz der geographischen Herkunftsangaben: *Fezer*, Markenrecht, § 127 Rn. 8; *Hacker*, in: Ströbele/Hacker, MarkenG, § 127 Rn. 1; *Schulteis*, in: Kur/v. Bomhard/Albrecht, Markenrecht, § 127 Rn. 9; *Knaak*, GRUR 1995, 103 (106).

(berechtigte Verbrauchererwartungen).[426] Dieser Vorschlag verfolgt zwar im Ansatz einen berechtigten Zweck, könnte praktisch jedoch kaum eine normative Einschränkung der Verkehrsauffassung bewirken.

Eine Objektivierung des Schutzumfangs des § 127 Abs. 1 MarkenG könnte ferner dadurch erzielt werden, indem man eine zweiteilige Tatbestandsprüfung[427] vornimmt und zwischen einem objektiven und einem subjektiven Teil differenziert. Denn der Verbotstatbestand von § 127 Abs. 1 MarkenG enthält zwei wesentliche Merkmale:

Zum einen stimmt die angegebene geographische Herkunft der fraglichen Ware oder Dienstleistung nicht mit ihrer tatsächlichen Herkunft überein. Zum anderen besteht bei der Benutzung der Angabe für die Ware oder Dienstleistung eine Gefahr der Irreführung über die geographische Herkunft. Nach dem Wortlaut der Vorschrift müssten die beiden Merkmale kumulativ vorliegen und somit gesondert überprüft und positiv festgestellt werden.[428] Der Wortlaut der Vorschrift legt ferner ein Verständnis nah, wonach die Ware oder Dienstleistung nur eine einzige Herkunft im Sinne dieser Vorschrift aufweisen kann. Stammt die Ware oder die Dienstleistung nämlich nicht aus dem Ort, der Gegend, dem Gebiet oder dem Land, das durch die geographische Herkunftsangabe gekennzeichnet wird, geht die Vorschrift automatisch davon aus, dass diese „anderer Herkunft“ ist. Die Formulierung „die nicht aus dem Ort, der Gegend, dem Gebiet oder dem Land stammt“ deutet darauf hin, dass es zumindest bei der Feststellung der Herkunft nicht auf die subjektive Verkehrssicht, sondern auf objektive Kriterien ankommen soll. Erst bei der Untersuchung der Irreführungsgefahr muss auf die Verkehrssicht zurückgegriffen werden. Übertragen auf die Angabe einer staatlichen Herkunft würde diese zweistufige Überprüfung bedeuten, dass zunächst die fragliche Ware auf ihre „wahre staatliche Herkunft“ untersucht wird, um diese einer bestimmten Nation zuzuordnen und zu ermitteln, ob ihre angegebene staatliche Herkunft unzutreffend ist. Erst bei Feststellung einer unzutreffenden staatlichen Herkunft ist dann im zweiten Schritt das Vorliegen einer Irreführungsgefahr zu überprüfen. Hingegen

---

426 *Fezer*, Markenrecht, § 127 Rn. 10: Als Beispiele für solche berechtigten Verbrauchererwartungen sind Umweltschutz, Verringerung der Absatzwege und Förderung regionaler Industrien genannt.

427 Vgl. *Omsels*, WRP 2006, 434 (447), der aber den Objektivierungsversuch im Rahmen des wettbewerbsrechtlichen Schutzes von den geographischen Herkunftsangaben vornimmt.

428 Für eine getrennte Prüfung *Marx*, in: Fezer/Büscher/Obergfell, Lauterkeitsrecht Band 1, S 10, Rn. 89, 90.

begründete eine etwaige Irreführung keinen Verstoß gegen § 127 Abs. 1 MarkenG, wenn die Angabe der geographischen Herkunft objektiv zutreffend ist. Der richtige Gebrauch der geographischen Herkunftsangabe geht in diesem Fall dem Schutz unwissender Verbraucher vor.[429]

Die oben dargestellte wettbewerbsrechtliche Rechtsprechung[430] in Bezug auf die staatliche Herkunft zeigt allerdings, dass die Gerichte in Fällen, wo ein Produkt Herstellungsschritte in mehreren Ländern durchlaufen ist, in der Regel auf eine positive Festlegung der staatlichen Herkunft im ersten Schritt bzw. eine scharfe Trennung der beiden Tatbestandsmerkmale verzichten. Vielmehr gehen die Gerichte von einem einheitlichen Tatbestand aus und unterziehen, unter Zugrundelegung des europäischen Verbraucherleitbilds, jeweils nur denjenigen Herstellungsschritt der Herkunftsüberprüfung, der aus Sicht des angesprochenen Verkehrs die maßgebliche Qualität des Produkts ausmacht. Stellt das Gericht bei diesem Punkt eine abweichende Herkunft und somit eine Irreführung fest, wird insgesamt von einer falschen Angabe der geographischen Herkunft ausgegangen.[431] Für den Schutzzweck des Wettbewerbsrechts ist die objektive Herkunft der Produkte letztendlich uninteressant. Maßgeblich ist vielmehr, dass die beanstandete Irreführung der Verbraucher in einem kausalen Zusammenhang mit der Herkunft begangen wurde.[432]

Hingegen kommt der Versuch einer objektivierten Auslegung des § 127 Abs. 1 MarkenG um die positive Feststellung der Produktherkunft nicht herum. Die Zweiteilung des Tatbestands von § 127 Abs. 1 MarkenG bildet einen Ausgangspunkt für eine abweichende Auslegung der Vorschrift, die im Gegensatz zur wettbewerbsrechtlichen Formel der Rechtsprechung gewisse Objektivierung des Schutzumfangs und Unabhängigkeit von der Verkehrsauffassung gewähren könnte, um den Interessen der Rechtsträger von geographischen Herkunftsangaben an der Rechtssicherheit Rechnung zu tragen. Auf dieser Grundlage wird zur weiteren Differenzierung vorgeschlagen, zwischen *konkreter* Irreführung im Sinne des § 5 Abs. 1 UWG und *abstrakter* Irreführung

---

429 *Omsels*, WRP 2006, 434 (447).

430 Unter 3. Teil B. C.

431 Vgl. LG Düsseldorf, Urteil vom 14.07.2010 – 2a O 12/10, WRP 2010, 1420 – *„Made in Germany“ bei Bestecken*, das die Prüfung, ob die Angabe „Made in Germany“ zutreffend ist, und die Feststellung der Irreführung gleichzeitig in einem Absatz abhandelt.

432 Es soll letztendlich die Irreführung *durch* die geographischen Herkunftsangaben verhindert werden, vgl. die vorstehenden Ausführungen zum Unterschied der beider Schutzmodelle unter 2. Teil A.

im Sinne des § 127 Abs. 1 MarkenG zu differenzieren.[433] Die Zugrundelegung einer solchen abstrakten Irreführungsgefahr bei § 127 Abs. 1 MarkenG würde den Schwerpunkt der Prüfung auf die Ermittlung der „wahren geographischen Herkunft" der fraglichen Ware und den anschließenden Vergleich mit der angegebenen Herkunft verschieben. Die eigentliche Verletzungshandlung würde in der Benutzung der geographischen Herkunftsangabe liegen, die nicht aus dem bezeichneten Ort stammt.[434] Würde eine solche unzutreffende geographische Herkunftsangabe verwendet, würde für die Feststellung der Rechtsverletzung bereits eine abstrakte Gefahr der Irreführung reichen. Auf die konkreten Umstände des Einzelfalls käme es erst dann an, wenn die auf der ersten Stufe objektiv festgestellte Herkunft durch die hiervon abweichende Verkehrserwartung widerlegt werden könnte.[435] Die von der Rechtsprechung durchgeführte mühsame und teilweise unberechenbare Ermittlung der wertbegründenden Herstellungsschritte wäre weitgehend entbehrlich. Dadurch würde der Irreführungsschutz der geographischen Herkunftsangaben eine deutliche Ähnlichkeit zum Verwechselungsschutz der Marken nach § 14 Abs. 2 Nr. 2 MarkenG aufweisen.[436] Für den Letzteren muss lediglich auch eine *Gefahr* der Verwechselung vorliegen. Insgesamt würde der abstrakte Gefahrbegriff ein höheres Schutzniveau für die geographischen Herkunftsangaben gewährleisten.[437]

So würde es bei einem kennzeichenrechtlichen Schutz durch § 127 Abs. 1 MarkenG in erster Linie um die Festlegung der Produktherkunft gehen, die möglichst mit objektiven Kriterien erfolgen soll. An dieser Stelle kann auf die bereits oben erwähnten alternativen Vorschläge in der Literatur zur Festlegung der Produktherkunft zurückgegriffen werden.[438] Es soll im Folgenden untersucht werden, ob solche Vorschläge ein sachgerechtes Ergebnis für den Kennzeichenschutz der staatlichen Herkunft erzielen können.

a) *Zollrechtliche Bestimmungen*

Die Heranziehung von zollrechtlichen Bestimmungen der Europäischen Union (Art. 59–63 UZK) kommt aufgrund ihrer direkten Bezugnahme auf

---

433 *Hacker*, in: Ströbele/Hacker, MarkenG, § 126 Rn. 8; *Kiefer*, Geographischer Irreführungsschutz, S. 52.

434 *Hacker*, in: Ströbele/Hacker, MarkenG, § 126 Rn. 8.

435 *Dück*, „Made in Germany" zwischen Auslaufmodell und Gütesiegel, S. 154.

436 *Hacker*, in: Ströbele/Hacker, MarkenG, § 126 Rn. 8.

437 *Loschelder*, Festschrift Ahrens 2016, S. 255 (258).

438 Unter 3. Teil C. IV.

die staatliche Herkunft als die nächstliegende Möglichkeit zur objektiven Festlegung der geographischen Herkunft im Sinne des § 127 Abs. 1 MarkenG in Betracht. Bei diesen Ursprungsregelungen des UZK kommt Art. 60 Abs. 2, der den Ursprung von Waren regelt, an deren Herstellung mehr als ein Land beteiligt ist, die zentrale Bedeutung zu.[439] Unter analoger Anwendung dieser Vorschrift wurde bereits diskutiert, ob für „Made in Germany“ eine bestimmte Wertschöpfungsgrenze erreicht werden muss. Im Folgenden soll auf die Einzelheiten dieses Ansatzes eingegangen werden.

Art. 60 Abs. 2 UZK enthält eine Generalklausel mit mehreren Tatbestandsmerkmale, die kumulativ vorliegen müssen.[440] Dabei stellt die letzte wesentliche Be- oder Verarbeitung in einem Land das entscheidende Kriterium dar. Alle anderen Merkmale der Vorschrift dienen im Grund genommen nur dessen Ergänzung und Konkretisierung.[441] Der Begriff der wesentlichen Be- oder Verarbeitung stammt aus der Kyoto-Konvention der Weltzollorganisation von 1973 und wurde später im WTO-Übereinkommen übernommen.[442] Im Unionszollrecht wird diese Ursprungsregel lediglich um das Merkmal „letzte“ ergänzt, das allerdings keine eigenständige Bedeutung in der Praxis hat und in der Rechtsprechung noch nie thematisiert worden ist.[443]

Zur Auslegung und Konkretisierung der Generalklausel existiert eine Vielzahl von Durchführungsregeln. Zum einen hat der EU-Gesetzgeber selber in Art. 31 ff. UZK-DelVO und deren Anhang 22-01 zahlreiche Konkretisierungen hinsichtlich bestimmter Waren getroffen. Zum anderen hat die Europäische Kommission für Waren, die nicht unter eine spezifische Regel der UZK-DelVO fallen, Interpretationsrichtlinien in Form von Listenregeln erlassen, die von der Generaldirektion für Steuern und Zölle auf ihrer Webseite[444] veröffentlicht sind.[445]

---

439 Systematisch stellt Art. 60 Abs. 2 UZK eigentlich eine Ausnahme von Art. 60 Abs. 1 UZK dar. Im Kontext der internationalen Produktionsbeteiligungen bildet allerdings die Erstere faktisch den Regelfall zur Bestimmung des nichtpräferenziellen Warenursprungs: *Felderhoff*, Der Ursprung als Grundlage handelspolitischer Maßnahmen, S. 91.

440 *Prieß/Stein*, in: Witte, UZK, Art. 60, Rn. 2.

441 *Felderhoff*, Der Ursprung als Grundlage handelspolitischer Maßnahmen, S. 92.

442 Siehe hierzu *Felderhoff*, Der Ursprung als Grundlage handelspolitischer Maßnahmen, S. 93 ff.

443 *Felderhoff*, Der Ursprung als Grundlage handelspolitischer Maßnahmen, S. 102.

444 Europäische Kommission, Tabelle der auf Waren (nach ihrer Einreihung in die KN) anzuwendenden Listenregeln.

445 *Prieß/Stein*, in: Witte, UZK, Art. 60, Rn. 23.

In diesen Interpretationsrichtlinien hat die Europäische Kommission an mehreren Stellen die Wertschöpfungsgrenze von 45% für industrielle Erzeugnisse festgelegt.[446] Die Interpretationsrichtlinien stellen zwar keine rechtsverbindliche Auslegung der Vorschrift dar, besitzen aber eine faktische Bindungswirkung für die Praxis.[447] Diese Grenze wurde früher von einigen IHKs als Indiz für „Made in Germany" herangezogen[448] und von der Rechtsprechung in einigen Urteilen in Erwägung gezogen.[449] Nachdem allerdings der BGH in der Entscheidung *„KONDOME – Made in Germany"*[450] seine grundsätzliche ablehnende Haltung gegenüber der Heranziehung von zollrechtlichen Bestimmungen geäußert hat, galt die Frage für den wettbewerbsrechtlichen Schutz von staatlicher Herkunft als höchstrichterlich geklärt. Nunmehr stellt sich aber die Frage, ob im Kontext des Kennzeichenschutzes wieder an diese zollrechtliche Lösung gedacht werden soll.

Auch wenn die Vorschriften des Zollrechts in erster Linie fiskalische Zwecke verfolgen und für den Kennzeichenschutz auf dem ersten Blick nicht in Betracht kommen,[451] können einige Grundgedanken des nichtpräferenziellen Ursprungs durchaus auf die geographische Herkunft von Waren übertragen werden. Der Warenursprung des Zollrechts beruht nämlich auf der Überlegung, den Ursprungserwerb in dem Land anzuerkennen, in dem eine Be- oder Verarbeitung von solcher Bedeutung stattgefunden hat, dass das Erzeugnis der Volkswirtschaft dieses Landes zugerechnet werden kann.[452] Ein Land bekommt aufgrund der Produktionsleistungen der inländischen Produzenten den Warenursprung zugeordnet. Bei der Angabe einer staatlichen Herkunft geht es aus Sicht der Produzenten unter anderen auch darum, die Erzeugnisse wegen ihrer Produktionsleistungen für ihr Land zu behaupten und mit

---

446 Siehe beispielsweise die Abschnitte XVI, XVII und XVIII.

447 Vgl. *Prieß/Stein*, in: Witte, UZK, Art. 60, Rn. 23.

448 Nachweise in *Gündling*, GRUR 2007, 921 (Fn. 38); *Slopek*, GRUR-Prax 2011, 291 (292). Allerdings dürfte es angesichts der ablehnenden Haltung der Rechtsprechung zweifelhaft sein, ob die IHK aktuell noch an der Empfehlung über eine Wertschöpfungsgrenze festhalten.

449 OLG Düsseldorf, Urteil vom 05.04.2011 – 20 U 110/10, WRP 2011, 939 – *„Made in Germany" bei Bestecken*; OLG Köln, Urteil vom 13.06.2014 – 6 U 156/13, GRUR-RR 2015, 7 – *Schmiedekolben*.

450 BGH, Beschluss vom 27.11.2014 – I ZR 16/14, GRUR-RR 2015, 209 – *Kondome Made in Germany*.

451 Vgl. *Hacker*, in: Ströbele/Hacker, MarkenG, § 127 Rn. 7.

452 *Prieß/Stein*, in: Witte, UZK, Art. 60, Rn. 3.

einer entsprechenden Herkunftsangabe zu werben. In beiden Fällen spielen die Arbeitsleistungen eines Landes bei der Festlegung des Ursprungs die entscheidende Rolle.

Im Sinne der Rechtsicherheit bei der Festlegung der Produktherkunft im Sinne des § 127 Abs. 1 MarkenG liegen die Vorteile der zollrechtlichen Bestimmungen auf der Hand. Es handelt sich um einen etablierten und ausdifferenzierten Regelungskomplex, der im Kontext der Wirtschaftsglobalisierung und internationalen Arbeitsbeteiligungen entwickelt worden ist und branchenübergreifend Lösungen zur Ermittlung des Herkunftslandes bietet. Diese Regeln legen die Benutzungsberechtigung für die Angaben der staatlichen Herkunft für alle Beteiligten transparent fest.[453] Auch außerhalb der Fälle der staatlichen Herkunft könnten die Bestimmungen zur Festlegung der Produktherkunft im Rahmen des § 127 Abs. 1 MarkenG grundsätzlich entsprechend herangezogen werden, indem man die Zuordnungskriterien (beispielsweise den erforderlichen Wertschöpfungsanteil an einem Produkt) auf die Richtigkeitsprüfung der jeweiligen Ortsangabe überträgt.[454] Dadurch wäre es tatsächlich möglich, die geographische Herkunft nach § 127 Abs. 1 MarkenG anhand eines technischen und objektiven Maßstabs und unabhängig von der Verkehrsauffassung auszulegen. Der Schutzumfang der subjektiven Rechte würde einen stabilen Bestand erhalten.

Freilich ist ein solcher Lösungsansatz auch von gewisser Praktikabilität geprägt. Denn die allgemeingültige Bestimmungsmethode erfordert auf der einen Seite einen geringen Regelungsaufwand.[455] Die kann aber auf der anderen Seite nicht garantieren, dass die Bestimmung der Produktherkunft mit der wertbezogenen Assoziation in der Publikumswahrnehmung, von der der kollektive Goodwill der geographischen Herkunftsangaben abhängt, immer im Einklang steht.[456] Die feste Wertschöpfungsgrenze für die Bestimmung der staatlichen Herkunft ist, wenn man an das Beispiel von „Made in Germany" denkt, vor allem dann problematisch, wenn die Herstellungsschritte in dem angegebenen Land zwar diese *quantitative* Grenze nicht erreichen, aber trotzdem prägend

---

453 Vgl. *Mey/Eberli*, GRUR Int 2014, 321 (326), der die Regelung der letzten wesentlichen Be- oder Verarbeitung für einen praktischen Weg für Unternehmen hält.

454 Art. 60 UZK stellt ohnehin nicht auf Länder im staats- oder völkerrechtlichen Sinn ab, sondern auf „Zollgebieter", *Prieß/Stein*, in: Witte, UZK, Art. 60, Rn. 1. Die Anwendung dieser Vorschrift auf andere geographische Einheiten ist somit grundsätzlich möglich.

455 *Kiefer*, Geographischer Irreführungsschutz, S. 279.

456 *Kiefer*, Geographischer Irreführungsschutz, S. 278.

für die *Qualität* des Produktes sind.[457] Diese Konstellation betrifft überwiegend Länder mit Stärken im Bereich des technischen Know-how, die wegen hoher inländischer Personalkosten die Produktionen im großen Umfang nach Ausland verlagert haben.

Es geht hier letztendlich um das klassische juristische Spannungsverhältnis zwischen Einzelfallgerechtigkeit und Rechtssicherheit, das auch im Instrumentarium des geistigen Eigentums herrscht.[458] An dieser Stelle ist es fraglich, ob es Ziel der allgemeinen Regelung von § 127 Abs. 1 MarkenG sein soll, solchen Einzelheiten einer spezifischen Angabe der staatlichen Herkunft Rechnung zu tragen. Die Vorschrift stellt lediglich eine grundlegende Stufe des generellen Kennzeichenschutzes für alle geographischen Herkunftsangaben dar und muss auch jenen zugänglich sein, die zwar (noch) keine qualitative Aussage enthalten und keine Wertschätzung unter den Verbrauchern genießen, aber nach vorstehenden Ausführungen[459] aufgrund ihres Entwicklungspotenzials dennoch die Anerkennung des gewerblichen Eigentums verdienen. § 127 Abs. 1 MarkenG hindert einzelnen „etablierten" geographischen Herkunftsangaben, die einen erweiterten Schutz begehren, nicht daran, spezifische Benutzungsvoraussetzungen aufzustellen, die aber erst im Rahmen von anderen Schutzvorschriften (durch qualifizierte geographische Herkunftsangaben nach § 127 Abs. 2 MarkenG oder Kollektivmarken nach § 97 MarkenG) geltend zu machen sind. Jedenfalls kann die Vorschrift aber nicht so ausgelegt werden, um ein bestimmtes Wirtschaftsmodell zu begünstigen. Im Sinne der Gleichbehandlung von allen geographischen Herkunftsangaben und der Herkunft aus allen Ländern soll bei Auslegung des § 127 Abs. 1 MarkenG ein genereller Maßstab angewendet und auf die Berücksichtigung besonderer Bedürfnisse der einzelnen Angaben weitgehend verzichtet werden.

Solange § 127 Abs. 1 MarkenG wegen Untätigkeit des Gesetzgebers weiterhin das Irreführungselement enthält und spezifische Bestimmungen über die Benutzung einzelner geographischen Herkunftsangaben fehlen, bietet die quantitative Methode nach den zollrechtlichen Ursprungsregelungen insgesamt eine transparente und praktikable Grundlage für eine objektivierte Festlegung der geographischen Herkunft und des Schutzumfangs der subjektiven Schutzrechte.

---

457 *Dück*, „Made in Germany" zwischen Auslaufmodell und Gütesiegel, S. 171.
458 *Ohly*, in: Ohly/Klippel, Geistiges Eigentum und Gemeinfreiheit, S. 1 (7).
459 Unter 4. Teil B. III. 2.

b) Sachenrechtliche Bestimmung zum Eigentumserwerb – § 950 BGB

Im Rahmen der Diskussion über die Maßstäbe für „Made in Germany“ wird ferner vorgeschlagen, die staatliche Herkunft unter Heranziehung der Kriterien von § 950 BGB festzulegen.[460] Nach dieser Vorschrift erwirbt das Eigentum an der neuen Sache, wer durch Verarbeitung oder Umbildung eines oder mehrerer Stoffe eine neue bewegliche Sache herstellt, sofern nicht der Wert der Verarbeitung oder der Umbildung erheblich geringer ist als der Wert des Stoffes. Dabei wird auf auch eine bestimmte Wirtschaftsleistung abgestellt und die Eigentumszuordnung daran angeknüpft.[461] Eine neue Sache entsteht, wenn nach der Verkehrsanschauung[462] eine neue Verarbeitungsstufe erreicht wird, was in der Regel bei einer neuen Bezeichnung oder einem neuen Verwendungszweck der Sache angenommen wird.[463] Bei einem mehrteiligen Produktionsprozess würde der Abschluss einer jeden Stufe mit veränderter Zweckbestimmung der verarbeiteten Sache eine neue eigentumsrechtliche Zuordnung begründen.[464] Die daraus ergebenden unbillige Ergebnisse könnten durch die zusätzliche Voraussetzung des § 950 Abs. 1 Satz 1 BGB korrigiert werden, wonach der Wert der Verarbeitung oder der Umbildung nicht erheblich geringer ist als der Wert des Stoffes sein darf. Im Rahme dieser zusätzlichen Voraussetzung ist ähnlich wie bei zollrechtlichen Bestimmungen den Anteil der Verarbeitung an der Wertschöpfung heranzuziehen.[465]

Dieser Lösungsansatz weist zwar in einigen Grundzügen gewisse Vergleichbarkeit zu den zollrechtlichen Ursprungsregeln auf, kann aber letztendlich hinsichtlich des Umfangs der erfassten Güter und der Präzision der Herkunftsbestimmung mit den Letzteren nicht mithalten.

3. Bedeutung des Irreführungsschutzes für „Made in China“

Legt man bei der Auslegung des § 127 Abs. 1 MarkenG eine quantitative Wertung zur Bestimmung des Herkunftslands zugrunde, ist diese Vorschrift für den Aufstieg von „Made in China“ nur von geringer Bedeutung. Die objektivierte

---

460 *Gündling*, GRUR 2007, 921 (923).

461 *Gündling*, GRUR 2007, 921 (923).

462 *Kindl*, in: Bamberger/Roth/Hau/Poseck, BGB, § 950 Rn. 5; *Füller*, in: Münchener Kommentar zum BGB, § 950, Rn. 7.

463 *Bassenge*, in: Palandt, § 950, Rn. 3.

464 *Dück*, „Made in Germany“ zwischen Auslaufmodell und Gütesiegel, S. 158.

465 *Dück*, „Made in Germany“ zwischen Auslaufmodell und Gütesiegel, S. 158; *ders.*, GRUR 2013, 576 (581).

Auslegung der Vorschrift bietet zwar mehr Rechtssicherheit bezüglich der Frage, welchem Land ein Produkt zugeordnet werden kann und mit welcher Angabe der staatlichen Herkunft dieses vermarkt werden darf. Weil allerdings eine qualitative Bewertung der Arbeitsleistungen nach obigen Ausführungen aus Notwendigkeit eines generellen Maßstabs und aus Gründen der Gleichbehandlung aller Herkunftsländer für die Auslegung des § 127 Abs. 1 MarkenG ausscheidet, kann diese Vorschrift dem Aufbau eines guten Rufes von einer geographischen Herkunftsangabe nicht dienen.

Hinsichtlich des immer deutlicher zu spürenden nationalen Bewusstseins der chinesischen Wirtschaft ist ferner auf Folgendes hinzuweisen: Auch wenn es mit der Zuordnung des Herkunftslandes mittelbar eine Anerkennung der Arbeitsleistung der Produzenten des betroffenen Landes verbunden ist, begründet § 127 Abs. 1 MarkenG keinen Anspruch der chinesischen Produzenten gegen andere Beteiligte in der Produktionskette, „Made in China" auf die Waren anzubringen. Dieses Anliegen hat keine gesetzliche Grundlage. Denn diese Vorschrift greift nach ihrem klaren Wortlaut, in Verbindung mit dem Unterlassungsanspruch nach § 128 Abs. 1 MarkenG, nur dann, wenn die *tatsächlich benutzte* geographische Herkunftsangabe unzutreffend wird. Die Ortsansässigen der *potenziell richtigen* geographischen Herkunftsangabe haben zum einen keinen „Berichtigungsanspruch" gegen die Benutzer der falschen geographischen Herkunftsangabe und sind zum anderen zur Geltendmachung des Unterlassungsanspruchs nicht berechtigt.[466] So können beispielsweise die chinesischen Produzenten nicht verlangen, auf die mit „Made in Germany" bezeichneten, aber in der Tat in China hergestellten Produkte „Made in China" anzubringen.

III. Der Qualitätsschutz nach § 127 Abs. 2 MarkenG

Im Hinblick auf den eingeschränkten Schutzinhalt des § 127 Abs. 1 MarkenG und das Bedürfnis nach qualitativen Elementen im Benutzungsrecht stellt sich die Frage, ob „Made in China" von dem Schutz der qualifizierten geographischen Herkunftsanagaben nach § 127 Abs. 2 MarkenG, der bislang in der Praxis kaum eine Rolle gespielt hat, in Zukunft profitieren kann. Denn diese Vorschrift stellt für das Benutzungsrecht einer geographischen Herkunftsangabe nicht nur geographische, sondern auch qualitative Anforderungen auf und schränkt den Kreis der berechtigten Ortsansässigen entsprechend ein. Sie

466 Vgl. BGH, Urteil vom 28.06.2007 – I ZR 49/04, GRUR 2007, 884 – *Cambridge Institute.*

richtet sich gerade in erster Linie gegen die Ortsansässigen, die die geographische Herkunftsangabe ohne Erfüllung qualitativer Anforderungen missbrauchen.[467] Sie könnte möglicherweise eine uferlose Verwendung von „Made in China“ verhindern und zum Aufbau seines positiven Images beitragen.

Es versteht von sich selbst, dass § 127 Abs. 2 MarkenG eine qualifizierte geographische Herkunftsangabe nicht schaffen kann, sondern eine solche voraussetzt. Und dass „Made in China“ zurzeit noch keine qualifizierte Herkunftsangabe darstellt, dürfte auch ohne eine entsprechende Darlegung vorweggenommen werden. Ist aber ein Schutz durch § 127 Abs. 2 MarkenG für „Made in China“ überhaupt möglich?

1. *Das Erfordernis einer objektiven Betrachtungsweise*

Um diese Frage zu beantworten, muss zunächst geklärt werden, in welcher Hinsicht die besonderen Eigenschaften oder Qualität im Sinne dieser Vorschrift vorliegen müssen.

Legt man das früher herrschende wettbewerbsrechtliche Verständnis der geographischen Herkunftsangaben zugrunde, wäre auch bei der Auslegung des § 127 Abs. 2 MarkenG konsequent, das Vorliegen besonderer Eigenschaften oder Qualität anhand der Verkehrsauffassung festzulegen und zu beurteilen. Für eine solche subjektive Betrachtungsweise spricht insbesondere die amtliche Begründung des MarkenG.[468] Weil der Gesetzgeber bei der Normierung der geographischen Herkunftsangaben im MarkenG die Fortgeltung der Rechtslage des Wettbewerbsrechts beabsichtigt hat,[469] leuchtet es auch ein, dass er bei den qualifizierten geographischen Herkunftsangaben allein auf die Verkehrsauffassung abstellte. Auf Grundlage dieses subjektiven Verständnisses wäre es denkbar, der Angabe einer staatlichen Herkunft die Eigenschaft einer

---

467 Vgl. *Knaak*, GRUR 1995, 103 (106).

468 BT-Drs. 12/6581, S. 118: *„Es gibt jedoch zahlreiche Fälle, in denen nach der Vorstellung der beteiligten Verkehrskreise die Waren oder Dienstleistungen dieser Herkunft besondere Eigenschaften oder Qualitätsmerkmale aufweisen.“*; *Knaak*, GRUR 1995, 103 (106), der von einem Sonderfall des Irreführungsschutzes, dem Schutz vor Irreführung über die Beschaffenheit der Ware, spricht; *Scherer*, GRUR 2000, 273 (275), der sowohl eine empirische als auch eine normative Ermittlung der Verkehrserwartung an qualitative Produktmerkmale für möglich hält; *Omsels*, Geografische Herkunftsangaben, S. 234 (Rn. 582), der im Grundsatz auf die Verkehrsauffassung abstellt, aber gleichzeitig verlangt, dass die Verkehrserwartungen an objektivierbare Produkteigenschaften anknüpfen müssten.

469 BT-Drs. 12/6581, S. 59.

qualifizierten oder qualitätsgebundenen Herkunftsangabe zuzusprechen, wenn der Verkehr mit dieser Angabe gewisse Qualitätsvorstellungen verbindet. Beispielsweise wird „Made in Germany“ als eine solche qualifizierte geographische Herkunftsangabe angesehen.[470]

Allerdings wurde bereits oben im Rahmen des § 127 Abs. 1 MarkenG festgestellt, dass der kennzeichenrechtliche Schutz der geographischen Herkunftsangaben im Interesse der berechtigten Nutzer an Rechtssicherheit einen objektivierten Schutzumfang erfordert und eine an die Verkehrsauffassung angelehnte Auslegung diesem Anliegen nicht gerecht wird. Dies gilt auch für § 127 Abs. 2 MarkenG entsprechend. Im Gegensatz zu § 127 Abs. 1 MarkenG, der sich aufgrund seines Wortlauts nicht komplett von der Verkehrsauffassung lösen kann, erlaubt der Wortlaut des § 127 Abs. 2 MarkenG ohne Weiteres eine objektivierte Auslegung der Qualitätsmerkmale, die einen von der Verkehrserwartung und von einer etwaigen Irreführungsgefahr losgelösten Schutz der qualifizierten geographischen Herkunftsangaben bezwecken kann.[471] § 127 Abs. 2 MarkenG ist somit dahingehend auszulegen, dass besondere Eigenschaften und Qualität im Sinne dieser Vorschrift objektiv festgestellt werden müssen.

2. *Der Vergleich zur Verordnung (EU) 1151/2012*

Damit wäre der Schutz durch § 127 Abs. 2 MarkenG hinsichtlich der Anforderung an einer qualitativen Verbindung zwischen der Angabe und dem Produkt mit Schutz der geschützten Ursprungbezeichnungen und der geschützten geografischen Angaben nach der Verordnung (EU) 1151/2012 vergleichbar.[472] Allerdings unterscheiden sich die Letzteren von den qualifizierten geographischen Herkunftsangaben nach § 127 Abs. 2 MarkenG in einem entscheidenden Punkt: Eine geschützte Ursprungbezeichnung oder eine geschützte geografische

---

470 *Wulf*, "Made in Germany", S. 8; *Mey/Eberli*, GRUR Int 2014, 321 (326); vgl. *Dück/Maschemer*, GRUR Int 2015, 220 (228).

471 Für eine objektive Betrachtungsweise *Ingerl/Rohnke*, Markengesetz, § 127 Rn. 11; *Hacker*, in: Ströbele/Hacker, MarkenG, § 127 Rn. 18; *Fuchs-Wissemann*, in: Ekey/Bender/Fuchs-Wissemann, Markenrecht, § 127 Rn. 5; *Omsels*, Geografische Herkunftsangaben, S. 236 (Rn. 586); *Gruber*, in: v. Schultz, Kommentar zum Markenrecht, § 127 Rn. 7; Vgl. auch OLG Jena, Urteil vom 18. 9. 2002 – 2 U 244/02, GRUR-RR 2003, 77 – *Halberstädter Art*, das verlangt, dass die objektiven Qualitätsmerkmale einer Beweisaufnahme zum Beispiel durch Einholung von Sachverständigengutachten zugänglich sein müssen.

472 Vgl. *Loschelder*, in: Festschrift Tilmann, S. 403, (407).

Angabe kann nur dann eingetragen werden und dadurch den Kennzeichenschutz erlangen, wenn sie der Produktspezifikation im Sinne des Art. 7 der Verordnung (EU) 1151/2012 entspricht.[473] Durch die Produktspezifikation werden die Benutzungsbedingungen und Umfang des Schutzes verbindlich festgelegt.[474] Die Spezifikation wird von der Vereinigung der Ortsansässigen verfasst und ist durch die Veröffentlichung des Schutzantrags (Art. 49 Abs. 3 Verordnung (EU) 1151/2012 in Verbindung mit § 130 Abs. 4 MarkenG) jedem zugänglich und kann im Streitfall stets herangezogen werden. Der europäische Gesetzgeber hat in Art. 7 Verordnung (EU) 1151/2012 detaillierte Regelungen über den Inhalt der Spezifikation getroffen und verlangt ferner in Art. 49 Abs. 2 Verordnung (EU) 1151/2012, dass diese keine Festlegungen enthalten darf, die sachlich nicht gerechtfertigt sind.[475] Dadurch soll sichergestellt werden, dass die Spezifikation sachlich berechtigte Benutzungsvoraussetzungen enthält und nicht etwa zur Ausschaltung der Konkurrenten missbraucht wird.[476] Ferner ist unter der Verordnung eine Fortentwicklung der geographischen Herkunftsangaben und Anpassung der Benutzungsvoraussetzungen möglich (Art. 53 Verordnung (EU) 1151/2012 in Verbindung mit § 132 MarkenG). Hinter den Regelungen über die Produktspezifikation steht eine grundsätzliche Interessenabwägung des Unionsgesetzgebers: Einerseits wird die zentrale Rolle der Ortsansässigen, die sich über die Besonderheiten ihrer Produkte am besten auskennen, bei der Festlegung des Umfangs des Benutzungsrechts grundsätzlich anerkannt. Dadurch wird dem Charakter des gewerblichen Eigentums und dem damit verbundenen Zuweisungsgehalt zugunsten der Ortsansässigen Rechnung getragen. Andererseits werden den Befugnissen der Ortsansässigen angesichts der Missbrauchsgefahr zulasten des freien Wettbewerbs Grenzen gesetzt, indem die Spezifikation nur unter Vorbehalt der sachlichen Rechtfertigung festgelegt und von der Schutzbehörde anerkannt werden darf.[477]

Dem Schutzmodell der Verordnung (EU) 1151/2012 liegt, ähnlich wie in Frankreich oder Italien, die Vorstellung zugrunde, dass die Rechte an einer Ursprungbezeichnung von einer Vereinigung gehalten werden.[478] Im Gegensatz

---

473 Vgl. *Sosnitza*, WRP 2018, 647 (648).

474 *Hacker*, in: Ströbele/Hacker, MarkenG, § 130 Rn. 67.

475 *Hacker*, in: Ströbele/Hacker, MarkenG, § 130 Rn. 77.

476 *Hacker*, in: Ströbele/Hacker, MarkenG, § 130 Rn. 101; *Ingerl/Rohnke*, Markengesetz, § 130 Rn. 7; kritisch *Rathke/Grimm*, in: Zipfel/Rathke, Lebensmittelrecht, Art. 49 Rn. 23.

477 Vgl. den 57. Erwägungsgrund der VO 1151/2012.

478 Vgl. *Loschelder*, Festschrift Ahrens 2016, 255 (266).

zu der Rechtslage auf der Unionsebene spielen die ortsansässigen Vereinigungen keine zentrale Rolle beim Schutz der geographischen Herkunftsangaben in Deutschland. Es fehlt den Ortsansässigen der qualifizierten geographischen Herkunftsangaben im Rahmen des § 127 Abs. 2 MarkenG die Möglichkeit, Benutzungsvoraussetzungen selbst aufzustellen und diesen durch eine staatliche Kontrolle konstitutive Wirkungen verleihen zu lassen. Lediglich können Benutzungsregelungen der einzelnen geographischen Herkunftsangaben aus Initiative des Staates gemäß § 137 Abs. 2 Nr. 2 MarkenG in Form einer Rechtsverordnung erlassen werden. Für die Selbstgestaltungsinteressen der Ortansässigen bleibt allerding kein Raum, weil keine nationalen Regelungen existieren, die das Mitspracherecht der Ortsansässigen einerseits anerkennen und andererseits im Sinne eines fairen Wettbewerbs kontrollieren. Mithin ist denen auch nicht möglich, die Benutzungsregelungen im Sinne einer Weiterentwicklung der geographischen Herkunftsangaben angemessen anzupassen.[479] § 127 Abs. 2 MarkenG kann aufgrund der fehlenden Mitwirkungsmöglichkeit der ortsansässigen Vereinigungen praktisch nur im wettbewerbsrechtlichen Kontext eingesetzt werden, indem man auf die Verkehrsauffassung zurückgreift und jeweils eine Einzelfallbeurteilung vornimmt.[480] Im Kontext des kennzeichenrechtlichen Schutzes der geographischen Herkunftsangaben erweist sich diese Vorschrift nicht mehr als ein leeres Versprechen.

Es ist widersprüchlich, dass das Markengesetz einerseits das Wesen der qualifizierten geographischen Herkunftsangaben anerkennt und sie unter einen aufgestuften Schutz stellt, andererseits aber Hindernisse für deren Entstehung bereitet. Der Gesetzgeber ist an dieser Stelle gefordert, die Rolle der Ortsansässigen bei der Festlegung der Eigenschaften und Merkmale von qualifizierten geographischen Herkunftsangaben zu regeln.

Somit ist davon auszugehen, dass § 127 Abs. 2 MarkenG in seiner aktuellen Fassung für die zukünftige Entwicklung von „Made in China" keine Bedeutung zukommt. Diese Vorschrift kann nicht eingesetzt werden, um die Benutzung der Angabe der staatlichen Herkunft an qualitative Voraussetzungen anzuknüpfen.

---

479 Vgl. *Helm*, Festschrift Vieregge, S. 335 (353), der zu Recht darauf hinweist, dass § 127 Abs. 2 MarkenG entgegen seines Wortlauts Raum für eine Fortentwicklung der Eigenschaften und Qualitäten der Produkte lassen muss. Allerdings soll nach seiner Auffassung auf die Verkehrserwartung zurückgegriffen werden.

480 Vgl. *Loschelder*, Festschrift Ahrens 2016, 255 (266), der den an das Wettbewerbsrecht angelehnten Schutz als anachronistisch bezeichnet.

IV. Der Rufschutz nach § 127 Abs. 3 MarkenG

Es soll schließlich kurz untersucht werden, ob der Schutz durch § 127 Abs. 3 MarkenG in Zukunft von „Made in China“ beansprucht werden kann. In der bisherigen Praxis wird die Rufausbeutung häufig im Zusammenhang mit der Verletzung der Herkunftsangabe „Champagne“ thematisiert.[481] Der Anwendungsbereich von § 127 Abs. 3 MarkenG ist aber insgesamt sehr eingeschränkt, weil sehr hohe Anforderungen an das Merkmal „besonderen Ruf“ gestellt werden.[482] Weil der besondere Ruf der geographischen Herkunftsangabe, nicht in quantitativer, sondern qualitativer Hinsicht vorliegen muss,[483] erfüllt „Made in China“ derzeit trotz seiner weiten Verbreitung diese Voraussetzung sicherlich nicht. Aber auch für die Entwicklung von „Made in China“ in absehbarer Zukunft dürfte § 127 Abs. 3 MarkenG kaum Relevanz besitzen. Zum einen setzt diese Vorschrift gerade einen besonderen Ruf voraus und kommt beim Aufbau des guten Rufens nicht zur Anwendung. Zum anderen richtet sich die Vorschrift nach ihrem ausdrücklichen Wortlaut gegen die Benutzung der geographischen Herkunftsangabe für Waren oder Dienstleistungen aus einer anderen Herkunft.[484] Die Angabe einer falschen staatlichen Herkunft dürfte bereits ein Verstoß gegen § 127 Abs. 1 MarkenG begründen. Ferner soll das Kennzeichen „Made in China“, um einen guten Ruf aufzubauen, in erster Linie gerade gegen die chinesischen Produzenten eingesetzt werden, die die Qualitätsanforderungen für die Benutzung des Kennzeichens nicht erfüllen.

V. Zwischenergebnis

Die obige Analyse der generellen Vorschriften im Markengesetz zum Schutz der geographischen Herkunftsangaben zeigt, dass diese trotz des Versuchs

---

481 Unter Anwendung von § 127 Abs. 3 MarkenG: BGH, Urteil vom 17.01.2002 – I ZR 290/99, GRUR 2002, 426 – *Champagner bekommen, Sekt bezahlen*; OLG München, Urteil vom 06.11.2003 – 29 U 4011/03, GRUR-RR 2004, 17 – *ChamPearl*.

482 *Omsels*, WRP 2006, 434 (444).

483 Vgl. die vorstehenden Ausführungen unter 3. Teil B. II. 3.

484 Es wird in der Literatur die Ansicht vertreten, dass der Schutz nach § 127 Abs. 3 MarkenG auch dann eingreife, wenn die Benutzung der Herkunftsangabe für solche Waren oder Dienstleistungen erfolge, die einer anderen Gattung angehörten, als die sich die Herkunftsangabe beziehe: Vgl. *Fezer*, Markenrecht, § 127 Rn. 29; *Marx*, in: Fezer/Büscher/Obergfell, Lauterkeitsrecht Band 1, S 10, Rn. 32. Allerdings käme eine solche Schutzbereichserweiterung einer staatlichen Herkunft wie „Made in“ nicht zugute, weil diese sich gerade nicht auf eine bestimmte Art von Produkten beschränkt.

einer kennzeichenrechtlichen Auslegung insgesamt nur ein mäßiges Schutzniveau gewähren und dem subjektiven Rechtscharakter der geographischen Herkunftsangaben nicht hinreichend Rechnung tragen können. Die Schutzvorschriften sind entsprechend der wettbewerbsrechtlichen Wurzel der geographischen Herkunftsangaben und aufgrund ihrer starken Abhängigkeit von der Verkehrsauffassung für eine kennzeichenrechtliche Anwendung nur sehr eingeschränkt geeignet. Die Neuinterpretation der Rechtsnatur der geographischen Herkunftsangaben durch den BGH, die dogmatisch im Ergebnis zu begrüßen ist, fügt sich schwer in die Gesamtstruktur der §§ 126 ff. MarkenG ein. Im Rahmen des subjektiven Rechtsschutzes kann ein hohes Maß an Objektivierung des Schutzumfangs, die aus Gründen der Rechtssicherheit- und Klarheit erforderlich ist, nur auf der grundlegenden Schutzstufe, nämlich bei § 127 Abs. 1 MarkenG gewährleistet werden. Diese Vorschrift ist allerdings nur hinsichtlich der Gewährleistung einer zutreffenden geographischen Zuordnung einer objektivierten Auslegung zugänglich und kann die Interessen der Ortsansässigen, das Benutzungsrecht an ihren geographischen Herkunftsangaben durch qualitative Benutzungsvorgaben zu regeln und zu gestalten, nicht berücksichtigen. § 127 Abs. 2 MarkenG erlaubt nach seinem Wortlaut zwar ohne Weiteres eine Orientierung an objektiven Eigenschaften und Merkmale der gekennzeichneten Produkte. Ohne eine der Produktspezifikation der Verordnung (EU) 1151/2012 entsprechende Regelung bleibt diese Vorschrift aber letztendlich ein leeres Versprechen und ist für die Praxis nahezu bedeutungslos.

Ferner kann als Zwischenfazit festgestellt werden, dass die Aufstiegsinteressen von „Made in China" unter den generellen Schutzvorschriften nicht zur Entfaltung kommen können. Die chinesischen Ortsansässigen haben dort nämlich keine Möglichkeit, die Verwendung von „Made in China" nach eigenem Wunsch zu gestalten und qualitative Vorgaben dafür aufzustellen. Es sind daher im Folgenden die Vorschriften der geographischen Kollektivmarken zu untersuchen.

C. Vorschriften der geographischen Kollektivmarken

Hinsichtlich der oben aufgezeigten Schwäche bei den generellen Schutzvorschriften sollen im Folgenden die Entfaltungsmöglichkeiten der geographischen Herkunftsangaben und von „Made in China" im Rahmen des kollektiven Markenschutzes untersucht werden. Kollektivmarken sind dadurch gekennzeichnet, dass der Zeicheninhaber der eingetragenen Marke ein Verband ist und die Benutzung der Marke in erster Linie durch die Verbandsmitglieder oder die sonstigen Benutzungsberechtigten erfolgt.[485] Kollektivmarken sind vor allem dann sinnvoll, wenn die Bündelung von Kräften erwünscht ist.[486] Sie erfüllen alle ökonomischen Funktionen, die einer Marke zukommen und rechtlich geschützt sind.[487] Zu diesen Funktionen zählt auch die Eignung, darauf hinzuweisen, dass der Benutzer dem kollektiven Markeninhaber angehört und die von ihm gestellten Produktionsanforderungen erfüllt.[488] Gegenüber den generellen Schutzvorschriften weist das Instrument der Kollektivmarken den entscheidenden Vorteil auf, dass im Rahmen deren Schutzes die Ortsansässigen als Interessenvertreter der geographischen Herkunftsangaben involviert werden können. Konzeptionell ist ein dauerhafter Erfolg der geographischen Herkunftsangabe allein mit Hilfe des staatlichen Irreführungsschutzes und ohne die Kooperation und Qualitätspolitik der Ortsansässigen nicht möglich.[489] Wie das Schutzkonzept der Verordnung (EU) 1151/2012 zeigt, müssen für die Verwendung der geographischen Herkunftsangaben über den geographischen Standort hinaus noch normative Regeln über die qualitativen Anforderungen aufgestellt werden, bei denen die Ortsansässigen, die in der Regel die Besonderheiten ihrer Produkte am besten kennen, ein Mitspracherecht haben müssen.[490] Durch die satzungsmäßige Festlegung der maßgeblichen geographischen und qualitativen Grenze lässt sich auch die Frage nach dem Kreis der Rechtsträger beantworten.[491]

Es wurde bereits im 2. Teil unter Punkt C. III. 2. b) ausgeführt, dass die geographischen Herkunftsangaben grundsätzlich auch als Kollektivmarken eingetragen werden können (§ 99 MarkenG). Als Markeninhaber können gemäß § 98 MarkenG rechtsfähige Vereine fungieren, die von den Ortsansässigen gebildet werden können. Somit lässt das Instrument der Kollektivmarken die Mitwirkung der Ortsansässigen an der Entwicklung ihrer geographischen Herkunftsangaben grundsätzlich zu. Möglicherweise könnte dadurch der subjektive Rechtscharakter der geographischen Herkunftsangaben zur Entfaltung

---

485 *Gruber*, in: v. Schultz, Kommentar zum Markenrecht, Vorbemerkung zu §§ 97 bis 106 Rn. 1.

486 *Ingerl/Rohnke*, Markengesetz, § 97 Rn. 5.

487 *Fezer*, Markenrecht, § 97 Rn. 2.

488 *Büscher*, in: Büscher/Dittmer/Schiwy, Gewerblicher Rechtsschutz, § 97 MarkenG Rn. 2.

489 Vgl. *Tilmann*, Die geographische Herkunftsangabe, S. 351.

490 Vgl. *Hacker*, in: Ströbele/Hacker, MarkenG, § 130 Rn. 101.

491 *Tilmann*, GRUR 1980, 487 (488).

kommen und „Made in China" könnte sein Benutzungsrecht entsprechenden den Willen der chinesischen Ortsansässigen gestalten.

Vor diesem Hintergrund sollen im Folgenden die Vorschriften der geographischen Kollektivmarken des MarkenG, wie bei der Untersuchung der generellen Schutzvorschriften, im Licht des subjektiven Rechtscharakters der geographischen Herkunftsangaben, ausgelegt und auf die Entwicklungsmöglichkeiten von „Made in China" untersucht werden. Es soll insbesondere herausgefunden werden, ob die Angabe der staatlichen Herkunft wie „Made in China" als Kollektivmarke eingetragen werden kann und wenn ja, welchen Schutzinhalt eine solche Kollektivmarke aufweisen kann.

I. Eintragbarkeit von geographischen Kollektivmarken

Damit die Angabe einer staatlichen Herkunft als Kollektivmarke eingetragen werden kann, dürfen die in § 8 MarkenG, der durch die Verweisung in § 97 Abs. 2 MarkenG grundsätzlich auch auf Kollektivmarken Anwendung findet, genannten absolute Schutzhindernisse nicht vorliegen. Von praktischer Bedeutung sind vor allem die Schutzhindernisse nach § 8 Abs. 2 Nr. 1 und Nr. 4 MarkenG.

1. Die Unterscheidungskraft – § 8 Abs. 2 Nr. 1 MarkenG

a) Generelle Maßstäbe

§ 97 MarkenG erkennt die geographische Herkunft als Unterscheidungsmerkmal einer Kollektivmarke ausdrücklich an. Im Zusammenhang damit sieht § 99 MarkenG vor, dass Zeichen oder Angaben, die im Verkehr zur Bezeichnung der geographischen Herkunft der Waren oder Dienstleistungen dienen, abweichend von § 8 Abs. 2 Nr. 2 MarkenG als Kollektivmarken eingetragen werden können. Eine wörtliche Angabe von der staatlichen Herkunft wie „Made in China" wäre an sich von dieser Vorschrift erfasst.[492]

Allerdings beschränkt sich das Privileg für geographische Kollektivmarken gemäß § 99 MarkenG nur auf die Befreiung von dem Eintragungshindernis nach § 8 Abs. 2 Nr. 2 MarkenG. Die anderen in § 8 MarkenG genannten

492 Zustimmend für die Eintragung einer Kollektivmarke für „Made in Germany" siehe etwa *Dück*, „Made in Germany" zwischen Auslaufmodell und Gütesiegel, S. 192 ff.; *Wulf*, "Made in Germany", S. 185 ff.

absoluten Schutzhindernisse gelten auch für die geographische Kollektivmarken.[493] Insbesondere darf der Marke die Unterscheidungskraft (§ 8 Abs. 2 Nr. 1 MarkenG) nicht fehlen. Die Unterscheidungskraft einer Kollektivmarke ist bei Kollektivmarken nicht auf die Individualisierungs- und Herkunftsfunktion der mit ihr gekennzeichneten Waren aus einem individuellen Unternehmen, sondern auf die Individualisierung und Unterscheidung der Waren der Mitglieder des Inhabers der Kollektivmarke nach ihrer betrieblichen oder geographischen Herkunft, ihrer Art, ihrer Qualität oder ihren sonstigen Eigenschaften von denjenigen anderen Unternehmen bezogen.[494] Zwar erweckt die Überschrift des § 99 MarkenG („Eintragbarkeit von geographischen Herkunftsangaben als Kollektivmarken“) den Eindruck, dass jede geographische Herkunftsangabe im Sinne des § 126 MarkenG als Kollektivmarke eingetragen werden könnte.[495] Systematisch stellen die geographischen Herkunftsangaben jedoch nur eines der in § 97 Abs. 1 MarkenG genannten Unterscheidungsmerkmale einer Kollektivmarke dar, die einem Zusammenschluss der Unternehmen zusteht und letztendlich ihren individuellen Interessen dient. Insbesondere die Formulierung „sonstigen Eigenschaften“ im § 97 Abs. 1 MarkenG bringt zum Ausdruck, dass es sich bei der geographischen Herkunft lediglich um eine der nicht abschließenden Aufzählungen der kollektiven Unterscheidungsmerkmale handelt.[496] Der Anmelder einer Kollektivmarke kann bzw. muss sich für ein oder mehrere Unterscheidungsmerkmale entscheiden. Will die Unterscheidungskraft ausschließlich auf eine geographische Herkunft gestützt, ist es erforderlich und auch ausreichend, dass die beanspruchten Waren oder Dienstleistungen bereits aufgrund der örtlichen Besonderheiten gewisse Eigenschaften aufweisen, die vom Verkehr als kollektive Unterscheidungsmerkmale wahrgenommen werden („kollektive Unterscheidungskraft“[497]). So befand der BGH in der Grundsatzentscheidung „MADEIRA“, dass die Wortmarke „MADEIRA“ geeignet sei, den Wein nach der Markensatzung der Anmelderin „Instituto do Vinho da

---

493 *Hacker*, in: Ströbele/Hacker, MarkenG, § 99 Rn. 3; *Ingerl/Rohnke*, Markengesetz, § 99 Rn. 1; *Büscher*, in: Büscher/Dittmer/Schiwy, Gewerblicher Rechtsschutz, § 99 MarkenG Rn. 1; *Fezer*, Markenrecht, § 99 Rn. 2.

494 BGH, Beschluss vom 30.11.1995 – I ZB 32/93, GRUR 1996, 270 – *MADEIRA*; BPatG, Beschluss vom 13.05.1997 – 27 W (pat) 205/95, GRUR 1998, 148 – *SAINT MORIS/St. Moritz*.

495 Für eine solche Auslegung *Gruber*, in: v. Schultz, Kommentar zum Markenrecht, § 97 Rn. 6, § 99 Rn. 2.

496 Vgl. *Ingerl/Rohnke*, Markengesetz, § 97 Rn. 4; BT-Drs. 12/6581, S. 108.

497 *Jansen*, in: Ekey/Bender/Fuchs-Wissemann, Markenrecht, § 97 Rn. 7.

Madeira" sowohl nach seiner geographischen Herkunft (von der Insel Madeira) als auch nach seiner Art (Dessertwein) oder seiner Qualität (Einhaltung der gesetzlichen Bestimmungen über Produktbezeichnung u. ä.) von Weinen anderer, an einem anderen Ort, eine andere Art oder Qualität produzierender Unternehmen zu unterscheiden.[498] In einem anderen Fall kommt nach Auffassung des Bundespatentgerichts dem Namen „St. Moritz" als mondänem Wintersportzentrum möglicherweise eine Unterscheidungskraft für Wintersportgeräte oder -bekleidungen zu, jedoch nicht für allgemeine Bekleidungsstücke.[499] Bei einer Ortsangabe als Kollektivmarke kommt es hinsichtlich der Unterscheidungskraft daher darauf an, ob Waren oder Dienstleistungen, für die die Eintragung erfolgen soll, nach Vorstellung des angesprochenen Verkehrs mit örtlichen Besonderheiten verbunden sind, die die örtlichen Waren oder Dienstleistungen mit Unterscheidungsmerkmalen ausstatten.

b) Anwendung der Maßstäbe auf die Angabe der staatlichen Herkunft

Gemessen an diesen Maßstäben dürfte die Unterscheidungskraft bei einer allgemeinen Angabe der staatlichen Herkunft in Form eines „Made in" – Kennzeichens, das in Form einer Wortmarke angemeldet werden und die Produkte eines Landes umfassend einschließen soll, schwer anzunehmen sein. Denn die Unterscheidungskraft allein aus der geographischen Angabe ist von speziellen Eigenschaften der angemeldeten Waren oder Dienstleistungen abhängig, die auf den bestehenden örtlichen Verhältnissen beruhen. Nur in Einzelfällen kann die staatliche Herkunft als solche bei dem angesprochenen Verkehr spezielle Verbindungen zu bestimmten Produkten hervorrufen, wie es beispielsweise bei Schottischer Whisky[500] oder Schweizer Schokolade[501] der Fall ist. Bei einer derart umfassenden Bezugnahme auf die staatliche Herkunft wie „Made in China" kann der Verkehr im Zweifel keine Unterscheidung zwischen den von der Anmeldung erfassten und denjenigen anderer staatlichen Herkunft

---

498 BGH, Beschluss vom 30.11.1995 – I ZB 32/93, GRUR 1996, 270 (271) – *MADEIRA*.

499 BPatG, Beschluss vom 13.05.1997 – 27 W (pat) 205/95, GRUR 1998, 148 (153) – *SAINT MORIS/St. Moritz*.

500 Siehe hierzu BGH, Urteil vom 15.01.1969 – I ZR 52/67, GRUR 1969, 280 – *Scotch Whisky*.

501 Als Unionskollektivmarke ist das Wort „Switzerland" unter der Registernummer 001484005 für Schokolade und Produkte aus Schokolade im Register von EUIPO eingetragen. Markeninhaberin ist „Chocosuisse, Union des fabricants suisses de chocolat".

erkennen.[502] Dies gilt umso mehr, als der kollektive Markenschutz im Fall von „Made in China“ nach Vorstellung des chinesischen Staates schwerpunktmäßig für industrielle Erzeugnisse begehrt werden soll, bei denen herkunftsbedingte Unterscheidungsmerkmale schwer vorstellbar sind.[503]

Dass eine geographische Herkunftsangabe die markenrechtliche Unterscheidungskraft nicht besitzt und daher den kollektiven Markenschutz nicht in Anspruch nehmen kann, ergibt sich zum einen aus dem Umkehrschluss aus § 99 MarkenG, der sich nur auf § 8 Abs. 2 Nr. 2 MarkenG, jedoch nicht auf § 8 Abs. 2 Nr. 1 MarkenG bezieht. Zum anderen ist dieses Ergebnis durch die an die subjektiven Nutzungswillen der Ortsansässigen gerichteten Schutzvoraussetzungen der geographischen Herkunftsangaben bedingt. Wie bereits oben festgestellt, genießen auch diejenigen geographischen Herkunftsangaben kennzeichenrechtlichen Schutz, bei denen (noch) keine besonderen Qualitätsmerkmale und keine Wahrnehmung bzw. Wertschätzung unter dem Publikum vorhanden sind, sofern sie von den Ortsansässigen benutzt werden und Entwicklungspotenzial besitzen.[504] Solche geographischen Herkunftsangaben besitzen im Zweifel keine markenrechtliche Unterscheidungskraft.[505]

c) Begründung der Unterscheidungskraft durch andere Kriterien

Folglich muss für die Eintragung einer Angabe der staatlichen Herkunft als Kollektivmarke nach alternativen Lösungen gesucht werden. Ausweislich des Wortlautes des § 97 Abs. 1 MarkenG bezieht sich die Unterscheidungskraft einer Kollektivmarke auf eines der dort genannten Merkmale.[506] Wenn die geographische Herkunft alleine die notwendige Unterscheidungskraft nicht begründen kann, können bzw. müssen andere in § 97 Abs. 1 MarkenG

---

502 Vor EUIPO wurden beispielsweise Markenanmeldungen wie „Made in Germany in best Quality!“ (Anmeldenummer 007386683) und „Created in Europe Well made in China“ (Anmeldenummer 010062305) wegen fehlender Unterscheidungskraft zurückgewiesen. Das Bundespatentgericht hat außerdem entschieden, dass „Made im Saarland“ keine Unterscheidungskraft besitzt und daher nicht schutzfähig ist – BPatG, Beschluss vom 21.05.2014, Az. 27 W (pat) 35/14 – *Made im Saarland.*

503 Vgl. *Omsels*, Geografische Herkunftsangaben, S. 234 (Rn. 581).

504 Vgl. die vorstehenden Ausführungen unter 4. Teil B. (III. 2 und V.).

505 Nach der Ansicht von *Gruber*, in: v. Schultz, Kommentar zum Markenrecht, § 97 Rn. 6 genüge für die Eintragbarkeit bereits, wenn eine geographische Herkunftsangabe im Sinne der §§ 126 ff. vorliege. Diese Ansicht würde allerdings das Erfordernis der Unterscheidungskraft nach § 8 Abs. 2 Nr. 1 MarkenG praktisch unterlaufen.

506 *Gruber*, in: v. Schultz, Kommentar zum Markenrecht, § 97 Rn. 4.

genannte Unterscheidungsmerkmale wie etwa die betriebliche Herkunft oder die Qualität herangezogen werden. Die Unterscheidungskraft kann also durch eine Kombination von mehreren kollektiven Eigenschaften im Sinne des § 97 Abs. 1 MarkenG begründet werden. Der Hinweis im § 97 Abs. 1 MarkenG auf den § 3 MarkenG stellt ferner klar, dass für eine Kollektivmarke grundsätzlich alle Markenformen zur Verfügung stehen.[507] Wenn eine geographische Herkunftsangabe in Form einer Bildmarke oder Wort-/Bildmarke angemeldet wird, können neben dem Wortbestandteil grundsätzlich auch ihre zusätzlichen graphischen Darstellungen die Unterscheidungskraft begründen. Dies gilt nur dann nicht, wenn es sich um einfache graphische Mittel oder geometrische Formen (Dreiecke, Rechtecke, Kreise usw.) oder sonstige werbeübliche Gestaltungselemente handelt, die in bloß ornamentaler, schmückender Form auf Warenverpackungen oder Geschäftsbriefen verwendet werden.[508] Ansonsten muss die Unterscheidungskraft nicht mehr wie bei Anmeldung einer aus der Angabe der staatlichen Herkunft bestehenden Wortmarke auf die besondere Verbindung zwischen dem Land und den beanspruchten Produkten beruhen, sondern kann auch in der graphischen Gestaltung der übrigen Teile der Marke und der hinter diesen stehenden betrieblichen Herkunft liegen.

Unter den obigen Voraussetzungen sind Bildmarken mit Angaben der staatlichen Herkunft wie etwa „Deutscher Honig" (auf einem schwarzen Kreuz)[509], „Food – Made in Germany" (mit drei Quadraten in Farben Dunkelgrau, Rot und Gelb)[510] und „Made in Germany" (mit Uhrzeiger auf drei Streifen in den Farben Schwarz, Rot und Gelb)[511] eingetragen worden. In der Entscheidung „Deutscher Honig" hat das Bundespatentgericht bei der Beurteilung der Unterscheidungskraft des angemeldeten Zeichens maßgeblich darauf abgestellt, dass die Wörter „Deutscher Honig" eine besondere, antiquiert wirkende Schrift und eine im Zentrum stehende kreuzförmige Umrandung enthalten. Dadurch sei die Marke geeignet, die Waren der Mitglieder des Inhabers der Kollektivmarke

507 *Ingerl/Rohnke*, Markengesetz, § 97 Rn. 11.

508 *v. Schultz*, in: v. Schultz, Kommentar zum Markenrecht, § 8 Rn. 71; *Fuchs-Wissemann*, in: Ekey/Bender/Fuchs-Wissemann, Markenrecht, § 8 Rn. 30; *Fezer*, Markenrecht, 8 Rn. 122; BGH, Beschluss vom 08.12.1999 – I ZB 25/97, GRUR 2000, 502 (503) – *St. Pauli Girl*.

509 BPatG, Beschluss vom 24.07.2002 – 32 W (pat) 130/00 – *Deutscher Honig*.

510 DPMA-Registernummer: 302011012055, Inhaber laut Register: Food – Made in Germany e.V.

511 DPMA-Registernummer: 302014001986, Inhaberin laut Register: Deutsche Schmuck und Uhren GmbH.

von denjenigen anderer Unternehmen nach ihrer betrieblichen Herkunft zu unterscheiden.[512]

Als Zwischenergebnis kann festgestellt werden, dass §§ 97 ff. MarkenG zwar keinen genuinen kollektiven Markenschutz für „Made in China“ bieten können. Der Schutz der chinesischen Herkunft ist dennoch „über Umweg“ möglich. Dafür ist die Konzipierung eines Zeichens mit Hinweis auf die chinesische Herkunft und zusätzlichen unterscheidungsfähigen graphischen Elementen erforderlich. In diesem Fall würde die Angabe der staatlichen Herkunft nur im Zusammenhang mit anderen Zeichenelementen auftreten, die Unterscheidungskraft anhand anderer Merkmale als der geographischen Herkunft begründen. Ein besonderes Zeichendesign verleiht der Marke nicht nur die notwendige Unterscheidungskraft, hat auch eine indirekte Auswirkung auf ihren Schutzumfang bei der Anwendung des § 100 Abs. 1 MarkenG. Denn die frei wählbaren Zeichenelemente sind vor einer bewussten Anlehnung durch verbandsexterne Unternehmen geschützt.[513]

2. *Die Täuschungseignung – § 8 Abs. 2 Nr. 4 MarkenG*

Als weiteres Unterscheidungsmerkmal einer geographischen Kollektivmarke könnte vor allem die „Qualität“ im Sinne des § 97 Abs. 1 MarkenG in Frage kommen. Es ist nämlich ein bekanntes Anliegen beim Aufstiegsprozess von „Made in China“, dass diese Angabe der chinesischen Herkunft nicht mehr im Kontext der massenhaften Billigproduktion, sondern möglichst für qualitativ hochwertige Produkte eingesetzt werden soll. Somit dürfte bei der Auswahl der zusätzlichen Zeichenelemente der Kollektivmarke im Interesse des potenziellen Markanmelders liegen, die Marke als Qualitätssiegel zu gestalten und dieser den Eindruck eines Gütezeichens zu verleihen. Eine gesetzliche Definition der Gütezeichen enthält das Markengesetz allerdings nicht. Das Gütezeichenwesen wird gesetzlich nicht geregelt und liegt, basierend auf einer Übereinkunft der Spitzenverbände der deutschen Wirtschaft, der Verbraucher und der zuständigen Bundesressorts aus dem Jahr 1952, in eigenverantwortlicher Selbstverwaltung der Wirtschaft.[514] Aus historischen Gründen nimmt das Deutsche Institut für Gütesicherung und Kennzeichnung e.V. („RAL“[515]) eine zentrale

---

512 BPatG, Beschluss vom 24.07.2002 – 32 W (pat) 130/00 – *Deutscher Honig.*

513 Vgl. die Ausführungen unter 5. Teil C. IV.

514 Vgl. BPatG, Beschluss vom 25.06.1986 – 29 W (pat) 156/84, BlPMZ 1986, 384 – *Gütezeichenverband.*

515 Abkürzung für Reichs-Ausschuss für Lieferbedingungen.

Stellung des Gütezeichenwesens in Deutschland ein. Nach seinen Grundsätzen sollen Gütezeichen als Garantieausweis zur Kennzeichnung von Waren oder Dienstleistungen Verwendung finden, die bestimmte, an objektiven Maßstäben gemessene, für die Güte der Waren oder Dienstleistungen wesentliche Eigenschaften erfüllen.[516] Die Tätigkeit des RAL ist zwar rein privatrechtlicher Natur. In Folge der langen Verwaltungspraxis des DPMA besitzt RAL allerdings eine faktische Monopolstellung im deutschen Gütezeichenwesen.[517] Ein Gütezeichen als solches genießt nicht automatisch den Markenschutz nach dem MarkenG. Es kann aber bei Erfüllung der allgemeinen Voraussetzungen als Kollektivmarke eingetragen werden.[518]

Somit kennt das MarkenG das Gütezeichen nicht als eigenständige Markenform und enthält auch keine expliziten Anforderungen an der Zeichenausgestaltung. Eine praktische Einschränkung ergibt sich dennoch aus der Verwendung des § 8 Abs. 2 Nr. 4 MarkenG: Erweckt die beantragte Kollektivmarke den Eindruck eines Gütezeichens, wird in der Regel eine Unbedenklichkeitsbescheinigung des RAL oder einer anderen neutralen Stelle verlangt, die die Qualität kontrolliert und überwacht. Andernfalls wird der Antrag wegen der Täuschungseignung nach dieser Vorschrift zurückgewiesen.[519] Diese Prüfungspraxis des DPMA beruht auf der Annahme, dass sich die Erwartung im Verkehr durchgesetzt hat, eine mit einem Gütezeichen versehene Ware oder Dienstleistung sei auf ihre Qualität und die Erfüllung von Mindestanforderungen anhand objektiver Merkmale von einer neutralen, außerhalb des gewerblichen Gewinnstrebens stehenden zuständigen Stelle geprüft.[520] Die Überwachung lediglich durch den Markeninhaber oder die Verbandsmitglieder selbst wird nach diesen Maßstäben der Verkehrserwartung nicht gerecht.[521] In der einschlägigen Entscheidung des Bundespatentgerichts wird der Eindruck eines Gütezeichens bei der beantragten Marke deshalb bejaht, weil das Zeichen den Wortbestandteil „GÜTEZEICHENVERBAND" enthält. Fraglich ist deshalb, ob und unter welchen Voraussetzungen die Auswahl anderer

516 Vgl. *Hacker*, in: Ströbele/Hacker, MarkenG, § 97 Rn. 10.
517 *Bock*, Gütezeichen als Qualitätsaussage im digitalen Informationsmarkt, S. 208.
518 Vgl. *Jansen*, in: Ekey/Bender/Fuchs-Wissemann, Markenrecht, § 97 Rn. 25.
519 *Hacker*, in: Ströbele/Hacker, MarkenG, § 97 Rn. 12; *Jansen*, in: Ekey/Bender/Fuchs-Wissemann, Markenrecht, § 97 Rn. 25.
520 BPatG, Beschluss vom 25.06.1986 – 29 W (pat) 156/84, BlPMZ 1986, 384 – *Gütezeichenverband*.
521 BPatG, Beschluss vom 25.06.1986 – 29 W (pat) 156/84, BlPMZ 1986, 384 – *Gütezeichenverband*.

Wort- oder Graphikelemente den Eindruck eines Gütezeichens erwecken kann. Im Hinblick auf die grundsätzliche Gestaltungsfreiheit des Zeichenanmelders müssen jedoch strenge Voraussetzungen für die Annahme einer Täuschungseignung gelten.[522]

Das Eintragungshindernis nach § 8 Abs. 2 Nr. 4 MarkenG beruht allerdings nicht auf der fehlenden tatsächlichen Güte der beanspruchten Waren oder Dienstleistungen, sondern auf der fehlenden institutionellen Absicherung durch eine neutrale Kontrollstelle.[523] Die grundsätzliche Eintragbarkeit einer geographischen Kollektivmarke besteht unabhängig von einer etwaigen Garantiefunktion des Zeichens.[524] Denn es steht dem Markeninhaber grundsätzlich frei, unter der Marke Waren verschiedener Qualitätsstufen zu vertreiben.[525] Das Gütezeichen betrifft lediglich die Frage, wie sich eine Marke durch ihre Wiedergabe nach außen präsentiert. Selbst wenn die Wiedergabe einer Kollektivmarke kein Gütezeichen darstellt, hindert dies an sich den Markeninhaber nicht daran, faktische Gütevorstellungen unter den Verbrauchern durch eine satzungsmäßige Qualitätspolitik, die hinter der Marke steht, an sie zu binden. Es ist dann eine Frage der wirtschaftlichen und betrieblichen Leistungen des Markeninhabers, für deren Erbringung keine rechtlichen Hindernisse bestehen.

II. Die Inhaberschaft von geographischen Kollektivmarken

Gemäß § 98 MarkenG können Inhaber von Kollektivmarken nur rechtsfähige Verbände einschließlich der rechtsfähigen Dachverbände und Spitzenverbände sein. Juristische Personen des öffentlichen Rechts sind diesen Verbänden gleichgestellt.

Der Begriff „Verband“ geht auf Art. 7bis PVÜ zurück und hat keine entsprechende Terminologie im deutschen Gesellschaftsrecht. Deshalb ist der Begriff aus seiner Funktion und nach den Grundsätzen des Markenrechts auszulegen.[526] In erster Linie muss es sich bei dem Verband um eine rechtsfähige

---

522 Vgl. *v. Schulz*, in: v. Schulz, Markenrecht, § 8 Rn. 179

523 *Hacker*, in: Ströbele/Hacker, MarkenG, § 97 Rn. 12; *Ingerl/Rohnke*, Markengesetz, § 97 Rn. 9.

524 Vgl. *Hacker*, in: Ströbele/Hacker, MarkenG, § 97 Rn. 10.

525 Vgl. BGH, Urteil vom 02.02.1973 – I ZR 85/71, GRUR 1973, 468 (471) – *Cinzano*; BGH, Urteil vom 01.03.1984 – I ZR 48/82, GRUR 1984, 737 (738) – *Ziegelfertigstürze.*

526 *Hacker*, in: Ströbele/Hacker, MarkenG, § 98 Rn. 2; *Ingerl/Rohnke*, Markengesetz, § 98 Rn. 5; *Gruber*, in: v. Schultz, Kommentar zum Markenrecht, § 98 Rn. 2.

Gesellschaft handeln, die Aktiv- und Passivprozess führen kann.[527] Als rechtsfähige Verbände im Sinne des § 98 MarkenG werden die juristischen Personen des Privatrechts wie eingetragener Verein, Stiftung, AG, GmbH, KGaA und eG sowie rechtsfähige Personengesellschafen wie OHG und GbR anerkannt.[528]

§ 98 S. 1 MarkenG stellt ferner klar, dass auch die „zweistufigen" Verbände[529], deren Mitglieder selbst Verbände sind, auch Inhaber von Kollektivmarken sein können.

Da die juristischen Personen des öffentlichen Rechts nach § 98 S. 2 MarkenG den rechtsfähigen Verbänden gleichgestellt werden, kommen als Inhaber von Kollektivmarken vor allem die Gebietskörperschaften wie Bund, Länder und Gemeinden in Betracht. Auch sonstige öffentlich-rechtliche Körperschaften wie Industrie- und Handelskammer können Kollektivmarken für sich beanspruchen.[530]

Auch ausländische Verbände und juristische Personen des öffentlichen Rechts sind nach § 98 MarkenG taugliche Inhaber von Kollektivmarken, wenn sie nach ihrem Heimatsrecht rechtsfähig sind.[531]

Über die Rechtsfähigkeit der Gesellschaft hinaus gelten keine weiteren Anforderungen an die Inhaberschaft an Kollektivmarken. Der Verband oder die juristische Person des öffentlichen Rechts muss keine gewerblichen Zwecke verfolgen.[532] Ferner ist es für die Inhaberschaft keine rechtliche Voraussetzung, dass der Markeninhaber einen Nachweis einer Garantie für gleichbleibende Produktqualität erbringt.[533]

III. Markensatzung

Gemäß § 102 Abs. 1 MarkenG muss eine Kollektivmarke über eine Markensatzung verfügen, die bei der Anmeldung einzureichen ist. Die Markensatzung regelt zunächst die internen Verhältnisse der an der Kollektivmarke unmittelbar Beteiligten, nämlich zwischen dem Kollektiv und seinen Mitgliedern, sowie den Mitgliedern untereinander. Sie dient aber auch dem Informationsinteresse

527 *Hacker*, in: Ströbele/Hacker, MarkenG, § 98 Rn. 2.

528 *Hacker*, in: Ströbele/Hacker, MarkenG, § 98 Rn. 4; *Ingerl/Rohnke*, Markengesetz, § 98 Rn. 6; *Gruber*, in: v. Schultz, Kommentar zum Markenrecht, § 98 Rn. 2.

529 *Hacker*, in: Ströbele/Hacker, MarkenG, § 98 Rn. 6.

530 *Fezer*, Markenrecht, § 98 Rn. 14.

531 BGH, Beschluss vom 30.11.1995 – I ZB 32/93, GRUR 1996, 270 – *MADEIRA*; *Ingerl/Rohnke*, Markengesetz, § 98 Rn. 7; *Fezer*, Markenrecht, § 98 Rn. 16.

532 *Fezer*, Markenrecht, § 98 Rn. 18.

533 *Fezer*, Markenrecht, § 98 Rn. 19.

der Öffentlichkeit und stellt eine Transparenz über die Bedingungen für die Benutzung der Kollektivmarke her.[534]

Der Mindestsatzungsinhalt einer Kollektivmarke richtet sich nach § 102 Abs. 2 MarkenG und für die geographische Kollektivmarke gilt ferner die zusätzliche Vorgabe des § 102 Abs. 3 MarkenG. Neben einigen organisatorischen Angaben wie etwa Namen und Sitz des Verbandes sowie seiner Struktur zählen auch die Benutzungsbedingungen nach § 102 Abs. 2 Nr. 5 MarkenG zu dem zwingenden Inhalt einer Markensatzung. Bei § 127 Abs. 2 MarkenG wurde die Schwäche der generellen Schutzvorschriften dahingehend aufgezeigt, dass es dort den Ortsansässigen eine Möglichkeit fehlt, die Entwicklung der geographischen Herkunftsangabe durch Aufstellung von Benutzungsregeln zu bestimmen.[535] Die Bestimmung der Benutzungsbedingungen in der Markensatzung könnte möglicherweise diesen Entwicklungsinteressen der Ortsansässigen Rechnung tragen. Der zulässige Inhalt einer Satzung der geographischen Kollektivmarke soll im Folgenden untersucht werden.

Das Markengesetz enthält keine näheren Bestimmungen über die Benutzungsbedingungen der Kollektivmarke. Im Hinblick auf die Gestaltungsfreiheit des ortansässigen Verbandes sollen die Benutzungsbedingungen grundsätzlich frei bestimmt werden können.[536] Es können grundsätzlich alle Benutzungsregelungen getroffen werden, die im Lizenzvertragsrecht als zulässige Lizenzbedingungen nach § 30 Abs. 2 MarkenG anerkannt sind.[537] Neben etwa der Dauer des Benutzungsrechts und der Form der Benutzung können auch die Art und Qualität der Waren Gegenstand der Benutzungsbedingungen sein.[538] Grundsätzlich kann die Markensatzung die Verwendung der Kollektivmarke von bestimmten Produktionsmethoden und Qualitätsanforderungen abhängig machen, um den Mitgliedsunternehmen zu ermöglichen, einen besonderen Ruf für die gekennzeichneten Produkte zu entwickeln und die Marketingmaßnahmen zusammenzufassen.[539]

---

534 *Fezer*, Markenrecht, § 102 Rn. 3; *Ingerl/Rohnke*, Markengesetz, § 102 Rn. 4.

535 Vgl. die vorstehenden Ausführungen unter 5. Teil B. III. 2.

536 *Gruber*, in: v. Schultz, Kommentar zum Markenrecht, § 102 Rn. 4.

537 *Fezer*, Markenrecht, § 102 Rn. 9.

538 *Gruber*, in: v. Schultz, Kommentar zum Markenrecht, § 102 Rn. 4; *Fezer*, Markenrecht, § 102 Rn. 9; *Büscher*, in: Büscher/Dittmer/Schiwy, Gewerblicher Rechtsschutz, § 102 MarkenG Rn. 10.

539 *Büscher*, in: Büscher/Dittmer/Schiwy, Gewerblicher Rechtsschutz, § 97 MarkenG Rn. 2.

Für die Benutzung einer geographischen Kollektivmarke kann die Satzung daher nicht nur vorsehen, dass die Waren oder Dienstleistungen aus dem entsprechenden geographischen Gebiet stammen müssen. Auch hier kann die Benutzung der Marke nach § 102 Abs. 3 MarkenG grundsätzlich von der Erfüllung weiterer objektiver Bedingungen wie beispielsweise der vom Verband aufgestellten qualitativen Kriterien abhängig gemacht werden. Dadurch wird dem Kennzeichen zumindest in diesem Rahmen die Wirkungskraft einer qualifizierten geographischen Herkunftsangabe verliehen und gleichzeitig die Rechtssicherheit aufgrund der allgemeinen Möglichkeit der freien Einsicht in die Markensatzung (§ 102 Abs. 4 MarkenG) gewährleistet.

Es stellt sich an dieser Stelle die Frage, wie weit die Kompetenzen des Markeninhabers bei der Festlegung der Benutzungsbedingungen einer geographischen Kollektivmarke reichen dürfen. An dieser Stelle soll zunächst auf die obigen Ausführungen zur Produktspezifikation nach Art. 7 der Verordnung (EU) 1151/2012 verwiesen werden. Dort wurde festgestellt, dass den Verbänden der Ortsansässige bei der Festlegung der Produktspezifikation grundsätzlich eine weitreichende Befugnis zukommt. Ihre Befugnis zur Bestimmung des Benutzungsrechts der geographischen Herkunftsangaben unterliegen aber den Grenzen der sachlichen Rechtfertigung und werden bei der Anmeldung von dem nationalen Markenamt kontrolliert. Es hat eine Abwägung zwischen den Interessen der Ortsansässigen an der Gestaltung der geographischen Herkunftsangaben und Allgemeininteressen am fairen Wettbewerb durch den Unionsgesetzgeber stattgefunden.[540]

Eine derartige Interessenabwägung ist auch im Rahmen der Anmeldung einer geographischen Kollektivmarke unter dem Markengesetz grundsätzlich möglich. Zwar kennt das Markengesetz keine ausdrücklichen Einschränkungen der Benutzungsbedingungen einer Markensatzung. Es ist allerdings in der Literatur allgemein anerkannt, dass sich die Grenzen der Gestaltungsfreiheit aus den allgemeinen Vorschriften des Wettbewerbsrechts, Kartellrechts und Unionsrechts ergeben.[541] Spezifisch zu geographischen Herkunftsangaben wird vertreten, dass keine künstlichen Benutzungsbedingungen, die nur von einer kleinen Gruppe von „Gründungsmitgliedern" erfüllbar seien, aufgestellt

540 Vgl. die vorstehenden Ausführungen unter 5. Teil B. III. 2.

541 *Fezer*, Markenrecht, § 102 Rn. 9; *Gruber*, in: v. Schultz, Kommentar zum Markenrecht, § 102 Rn. 10 ff.; *Jansen*, in: Ekey/Bender/Fuchs-Wissemann, Markenrecht, § 102 Rn. 16; *Büscher*, in: Büscher/Dittmer/Schiwy, Gewerblicher Rechtsschutz, § 103 MarkenG Rn. 10; *Schoene*, in: Kur/v. Bomhard/Albrecht, Markenrecht, § 102 Rn. 22; *Ingerl/Rohnke*, Markengesetz, § 102 Rn. 11.

werden dürften, um eine Fehlmonopolisierung der Herkunftsangabe zu verhindern.[542] Handle es sich um eine qualifizierte geographische Herkunftsangabe, müsse die Satzung die spezifische Qualität oder die spezifischen Eigenschaften verlangen.[543] Im Hinblick auf die Rechtsnatur der geographischen Herkunftsangaben ist bei der Prüfung der Markensatzung zu beachten, dass es sich bei dem Anmelder einer geographischen Kollektivmarke um einen Vertreter der Ortsansässigen handelt, denen die Rechtsordnung ein subjektives Recht zugewiesen hat. Die Gestaltungsfreiheit des Verbands bei der Bestimmung der Benutzungsbedingungen ist im Licht des subjektiven Rechtscharakters der geographischen Herkunftsangabe anzuerkennen. Dabei ist zu berücksichtigen, dass die Ortsansässigen ebenso wie Mitglieder eines Unternehmenszusammenschlusses ein legitimes Interesse haben, ihre geographische Herkunftsangabe unter einer einheitlichen Qualitätspolitik zu betreiben und einen guten Ruf für ihre Herkunftsangabe aufzubauen. Handelt es sich um eine geographische Herkunftsangabe, die bislang zwar sehr verbreitet in Erscheinung getreten ist, jedoch noch keine allgemeine Wertschätzung unter den Verbrauchern erfahren hat, wie es aktuell bei „Made in China“ der Fall ist, muss den Ortsansässigen im Rahmen ihrer „Satzungshoheit“ grundsätzlich die Möglichkeit eingeräumt werden, einschränkende Benutzungsbedingungen nach eigenen qualitativen Vorstellungen aufzustellen und damit einen positiven Einfluss auf deren Entwicklung auszuüben. Während die Satzung bei Vorliegen einer qualifizierten geographischen Herkunftsangabe im Sinne des § 127 Abs. 2 MarkenG für die Benutzung die besonderen Eigenschaften oder die besondere Qualität zwingend verlangen muss, so dass die Kollektivmarke nicht gegen das Täuschungsverbot gemäß §§ 103, 8 Abs. 2 Nr. 4 MarkenG verstößt,[544] bestehen grundsätzlich keine Bedenken gegen die Befugnis des Verbands einer einfachen geographischen Herkunftsangabe, die Benutzung der Kollektivmarke unter die Bedingungen zu stellen, die über die bloße Ortsansässigkeit hinausgehen und qualitative Vorgaben für die Waren enthalten. Dies führt jedoch grundsätzlich nicht zu einer Fehlmonopolisierung und zu einer unzumutbaren Einschränkung der übrigen Ortansässigen, die nicht Mitglieder des Verbands sind. Denn zum einen haben sie gemäß § 102 Abs. 3 MarkenG den Anspruch, bei Erfüllung der Benutzungsbedingungen in den Verband aufgenommen zu

---

542 *Ingerl/Rohnke*, Markengesetz, § 102 Rn. 11; *Schoene*, in: Kur/v. Bomhard/Albrecht, Markenrecht, § 102 Rn. 22.

543 *Schoene*, in: Kur/v. Bomhard/Albrecht, Markenrecht, § 102 Rn. 19.

544 *Schoene*, in: Kur/v. Bomhard/Albrecht, Markenrecht, § 102 Rn. 19.1.

werden. Zum anderen ist die Benutzung der geographischen Herkunftsangabe ohne Mitgliedstatus des Verbands im Rahmen des § 100 Abs. 1 MarkenG weiterhin möglich, dessen Wirkungen im Folgenden untersucht werden sollen.

IV. Schranken des Schutzes gemäß § 100 Abs. 1 MarkenG

Die Eintragung einer geographischen Kollektivmarke führt allerdings nicht zu einem ausschließlichen Nutzungsrecht der Mitglieder des Verbandes hinsichtlich der betroffenen geographischen Herkunftsangabe. Zwar gewährt eine geographische Kollektivmarke ihrem Inhaber dieselben Rechte wie eine Individualmarke bzw. eine nicht aus geographischen Herkunftsangaben bestehenden Kollektivmarke.[545] Gemäß § 100 Abs. 1 MarkenG sind Nichtmitglieder des Verbands allerdings berechtigt, die geographische Herkunftsangabe im geschäftlichen Verkehr zu benutzen, sofern die Benutzung den guten Sitten entspricht und nicht gegen § 127 MarkenG verstößt. Die Vorschrift des § 100 Abs. 1 MarkenG normiert den Grundsatz der freien Benutzung der geographischen Herkunftsangaben[546] und soll deren Fehlmonopolisierung verhindern.[547] Sie enthält zwei wesentliche Grenzen für die Benutzung der geographischen Herkunftsangabe ohne die Mitgliedschaft des Verbandes: Zum einen muss die Benutzung den guten Sitten entsprechen. Zum anderen darf sie nicht gegen § 127 MarkenG verstoßen. Mit der Änderung des Markengesetztes im Jahr 2018 wurde § 100 Abs. 1 MarkenG der Satz hinzugefügt, dass insbesondere eine solche Marke einem Dritten, der zur Benutzung einer geografischen Bezeichnung berechtigt ist, nicht entgegengehalten werden kann. Dabei handelt es sich lediglich um eine Klarstellung der europäischen Vorgabe, die sich bereits aus Art. 29 Abs. 3 S. 2 der Markenrichtlinie ergibt.[548]

1. *Begriff der guten Sitten*

§ 100 Abs. 1 MarkenG verwendet einen anderen Sittenbegriff als der Art. 29 Abs. 3 der Markenrichtlinie. Dort ist von „anständigen Gepflogenheiten in Gewerbe oder Handel“ die Rede. Der deutsche Gesetzgeber wollte ursprünglich auf die guten Sitten im Wettbewerb abstellen und dadurch die Übereinstimmung des Begriffs mit dem allgemeinen Lauterkeitsrecht hervorheben.[549]

---

545 *Jansen*, in: Ekey/Bender/Fuchs-Wissemann, Markenrecht, § 100 Rn. 1.
546 *Fezer*, Markenrecht, § 100 Rn. 1.
547 BT-Drs. 12/6581, S. 109.
548 BT-Drs. 19/2898, S. 86.
549 BT-Drs. 12/6581, S. 109; *Ingerl/Rohnke*, Markengesetz, § 100, Rn. 5.

Da § 100 Abs. 1 MarkenG als Umsetzung der Markenrichtlinie im Lichte der Letzteren auszulegen ist, entsprechen die guten Sitten den anständigen Gepflogenheiten in Gewerbe oder Handel im Sinne des Art. 29 Abs. 3 der Markenrichtlinie.[550] Das Tatbestandsmerkmal der anständigen Gepflogenheiten entspricht der Sache nach der Pflicht, den berechtigten Interessen des Markeninhabers nicht in unlauterer Weise zuwiderzuhandeln.[551] Bei der Beurteilung, ob gegen die anständigen Gepflogenheiten in Gewerbe oder Handel verstoßen wird, sind alle relevanten Umstände des Einzelfalls zu würdigen.[552]

Zu den berechtigten Interessen des Markeninhabers zählt zunächst das Recht, das eingetragene Zeichen im Rechtsverkehr markenmäßig zu benutzen. Zwar liegt § 100 Abs. 1 MarkenG der Grundsatz der freien Benutzung der geographischen Herkunftsangabe zugrunde. Die Benutzung der konkret eingetragenen, insbesondere graphisch ausgestalteten Marke ist allerdings grundsätzlich den Mitgliedern des Verbands vorbehalten.[553] Handelt es sich um eine geographische Kollektivmarke mit frei wählbaren Zeichen, so darf sich ein verbandsexternes Unternehmen hinsichtlich der Darstellungsform oder der Schreibweise der Kollektivmarke nicht unnötig annähern.[554] Es muss im Fall einer einfachen geographischen Herkunftsangabe ferner berücksichtigt werden, dass diese grundsätzlich ein Aufstiegspotenzial besitzt und die Ortansässigen ein legitimes Interesse daran haben, sie zu einer qualifizierten geographischen Herkunftsangabe zu fördern und durch deren Benutzung einen guten Ruf aufzubauen. Vor dem Hintergrund, dass sie dieses Interesse im Rahmen der generellen Schutzvorschriften der §§ 126 ff. MarkenG praktisch nicht verfolgen können,[555] soll ihnen im Rahmen des kollektiven Markenschutzes die Möglichkeit eingeräumt werden, sich zu einem Verband zusammen zu schließen und eine einheitliche Qualitätspolitik zu betreiben bzw. überhaupt damit anzufangen. Weist die eingetragene geographische Kollektivmarke eine hohe Unterscheidungskraft auf, ist den verbandsexternen Unternehmen verboten, durch die Benutzung eines identischen oder ähnlichen Zeichens eine gedankliche

550 Vgl. *Fezer*, Markenrecht, § 100 Rn. 3.

551 EuGH, Urteil vom 07.01.2004 – C 100/02, GRUR 2004, 234 (235 Rn. 24) – *Gerolsteiner/Putsch*; OLG Stuttgart, Urteil vom 25.07.2019 – 2 U 73/18, BeckRS 2019, 16861 (Rn. 81) – *Hohenloher Landschwein*.

552 *Fezer*, Markenrecht, § 100 Rn. 3.

553 *Loschelder*, Festschrift Ullmann, S. 285 (287 Fn. 6).

554 BGH, Urteil vom 31.10.2002 – I ZR 207/00, GRUR 2003, 242 (245) – *Dresdner Christstollen*.

555 Vgl. die Ausführungen unter 5. Teil B. V.

Verbindung zu der Marke bei den Verbrauchern hervorzurufen.[556] Sie haben schlechthin kein berechtigtes Interesse, die geographische Herkunftsangabe in Form der eingetragenen Marke zu benutzen.

2. Grenzen des § 127 MarkenG

§ 100 Abs. 1 MarkenG enthält eine zusätzliche Schranke im Vergleich zur Markenrichtlinie. Die Benutzung der geographischen Herkunftsangabe durch Dritte kann der Markeninhaber nicht verhindern, solange die Benutzung nicht gegen § 127 MarkenG verstößt. Dadurch wollte der Gesetzgeber zum Ausdruck bringen, dass nur eine Benutzung der geographischen Herkunftsangabe privilegiert ist, die sich in den allgemein für Herkunftsangaben geltenden Grenzen hält.[557] Die eigenständige Bedeutung dieses Verweises für den Schutz der geographischen Kollektivmarken ist deshalb gering. Verstöße gegen § 127 MarkenG können die Berechtigten in der Regel bereits im Rahmen des § 128 MarkenG verfolgen, so dass ein Rückgriff auf das Instrument der Kollektivmarke nicht notwendig ist. Weil die Vorschrift des § 100 Abs. 1 S. 1 MarkenG der Umsetzung des Art. 29 Abs. 3 der Markenrichtlinie dient, der die Benutzung der Kollektivmarke im Rahmen der „anständigen Gepflogenheiten" erlaubt, stellt der Verweis auf § 127 MarkenG lediglich eine vom deutschen Gesetzgeber normierte Ausprägung dieses Begriffs dar.[558] Das insgesamt niedrige Schutzniveau des § 127 MarkenG wird durch dessen Bezugnahme in § 100 Abs. 1 MarkenG allerdings nicht angehoben.

V. Bedeutung des kollektiven Markenschutzes für „Made in China"

Nachdem die einschlägigen Vorschriften der geographischen Kollektivmarken untersucht wurden, soll deren Bedeutung für den Schutz von „Made in China" im Folgenden zusammengefasst werden.

Aus der Gesetzessystematik ergibt sich einerseits, dass die geographischen Herkunftsangaben lediglich eine der verschiedenen möglichen „Eigenschaften" (§ 97 Abs. 1 MarkenG) darstellen, die als Unterscheidungsmerkmale für die Kollektivmarken dienen können. Andererseits kommt den geographischen Kollektivmarken eine Sonderstellung im Rahmen des kollektiven Markenschutzes

---

556 OLG Stuttgart, Urteil vom 25.07.2019 – 2 U 73/18, BeckRS 2019, 16861 (Rn. 88) – *Hohenloher Landschwein*.

557 BT-Drs. 12/6581, S. 109.

558 OLG Stuttgart, Urteil vom 25.07.2019 – 2 U 73/18, BeckRS 2019, 16861 (Rn. 46) – *Hohenloher Landschwein*.

zu. Durch mehrere spezifische Vorschriften (§§ 99, 100 Abs. 1, 102 Abs. 3 MarkenG) hat der Gesetzgeber diese Sonderstellung berücksichtigt.

Grundsätzlich ist der kollektive Markenschutz jeder geographischen Herkunftsangabe, somit auch der Angabe einer staatlichen Herkunft wie „Made in China“ zugänglich. Allerdings ist zu berücksichtigen, dass die schlichte Angabe einer staatlichen Herkunft als solche möglicherweise nicht die erforderliche markenrechtliche Unterscheidungskraft aufzuweisen vermag. In diesem Fall müssen bei der Ausgestaltung der Marke zusätzliche „Eigenschaften“ im Sinne des § 97 Abs. 1 MarkenG wie etwa die betriebliche Herkunft oder die Qualität als Unterscheidungsmerkmale hinzugezogen werden. Die Kollektivmarke enthält in diesem Fall neben dem wörtlichen Hinweis auf die staatliche Herkunft noch zusätzliche graphische Bestandteile, die die notwendige Unterscheidungskraft nach anderen „Eigenschaften“ im Sinne des § 97 Abs. 1 MarkenG begründen. Die so eingetragene geographische Kollektivmarke stellt keine umfassende „Vertretung“ der staatlichen Herkunft dar, sondern repräsentiert lediglich einen beschränkten Kreis der Unternehmen, die sich auf freiwilliger Basis entschließen, unter der geographischen Herkunftsangabe gemeinsam zu agieren.

Wie die Marke konkret gestaltet wird und dabei auf welches zusätzliche Unterscheidungsmerkmal im Sinne des § 97 Abs. 1 MarkenG zurückgreift, ist grundsätzlich dem Verband selbst überlassen. Grundsätzlich kann eine Kollektivmarke einen Hinweis auf die geographische Herkunft enthalten und gleichzeitig als Gütezeichen ausgestaltet werden. In diesem Fall ist nach der bisherigen Eintragungspraxis des DPMA allerdings erforderlich, dass die Marke der Qualitätskontrolle und -überwachung von einer neutralen Stelle wie RAL unterwirft und bei der Anmeldung eine Unbedenklichkeitsbescheinigung von ihr vorlegt. Die Kombination von „Made in China“ mit einem Qualitätssiegel wäre also praktisch nur unter Kooperation des ortsansässigen Verbandes mit RAL möglich. Dieser organisatorische Aufwand entsteht aber nur dann, wenn die Marke selbst Zeichenelemente beinhaltet, die vom Verkehr als ausdrückliche Qualitätszusicherung verstanden werden. Faktische Gütevorstellungen, die bei den Verbrauchern etwa wegen des wirtschaftlichen Erfolgs der Marke hervorgerufen werden, sind ohne Einsatz der Gütezeichen möglich. Es wäre letztendlich eine wirtschaftliche Entscheidung des Verbands, ob er die geographische Kollektivmarke gleich als Gütezeichen gestaltet und den damit verbundenen organisatorischen Aufwand betreibt, oder für mehr organisatorische Flexibilität auf das Element des Gütezeichens verzichtet.

Hinsichtlich der Organisation des Inhabers einer Kollektivmarke stellt das Markengesetz keine allzu hohen Anforderungen. Für den kollektiven Markenschutz von „Made in China“ ist zunächst die Gründung einer rechtsfähigen

Gesellschaft nach dem deutschen Recht (etwa e.V. oder GmbH) denkbar. Ebenfalls möglich ist die Anmeldung einer Kollektivmarke durch eine nach dem chinesischen Recht rechtsfähige Organisation. In beiden Fällen bleibt allerdings dem chinesischen Staat große organisatorische Einflussmöglichkeit.

Hinsichtlich der Schutzwirkungen einer solchen geographischen Kollektivmarke ist zunächst festzustellen, dass diese aufgrund von § 100 Abs. 1 MarkenG nicht zu einer Monopolisierung der geographischen Herkunftsangabe führen wird. Für die bloße wörtliche Verwendung von „Made in China" bedeutet die Eintragung einer geographischen Kollektivmarke grundsätzlich keine Einschränkung. Insbesondere kann der kollektive Markenschutz nicht verhindern, dass unter der Bezeichnung „Made in China" qualitativ minderwertige Massenprodukte betrieben werden. Dennoch ist den chinesischen Ortsansässigen im Rahmen einer geographischen Kollektivmarke möglich, Qualitätspolitik zu betreiben und die Verwendung der Marke von Erfüllung bestimmter qualitativen Vorgaben abhängig zu machen. Eine geographische Kollektivmarke mit frei wählbaren Zeichenelementen steht ungeachtet § 100 Abs. 1 MarkenG den Mitgliedern des Verbands zu und ist vor anlehnender Benutzung durch verbandsexterne Unternehmen geschützt. Aufgrund der grundsätzlichen Satzungsfreiheit des Verbandes können solche qualitativen Vorgaben als Benutzungsbestimmungen in der Satzung festgelegt werden. Berücksichtigt man die Aufstiegsinteressen einer geographischen Herkunftsangabe, der unabhängig von einer etwaigen Qualitätsaussage generell die Eigenschaft eines subjektiven Rechts zuzusprechen ist, dann ist es legitim für den Verband, für die Verwendung der geographischen Kollektivmarke strengere Voraussetzungen vorzusehen, als es sonst unter der generellen Schutzvorschrift des § 127 MarkenG zulässig wäre. Eine einfache geographische Herkunftsangabe wie „Made in China" im Sinne des § 127 Abs. 1 MarkenG kann im Rahmen des kollektiven Markenschutzes auch Benutzungsvoraussetzungen einer qualifizierten geographischen Herkunftsangabe im Sinne des § 127 Abs. 2 MarkenG unterliegen. Ausgehend davon müssen die Benutzungsvoraussetzungen auch nicht, wie es bei Agrarerzeugnissen oder Lebensmitteln üblich ist, auf die natürlichen oder klimatischen Verhältnisse des Ursprungsortes zurückgehen. Vielmehr können diese den vernünftigen Qualitätserwägungen der Ortsansässigen dienen und auch im Gebiet der Fertigungsindustrie zum Einsatz kommen. Die Verwendung einer solchen geographischen Kollektivmarke ist nicht auf bestimmte Branchen beschränkt. Vielmehr kann der Markenschutz für mehrere Klassen gleichzeitig beansprucht werden.

Da jedoch die Marke nicht nur den Hinweis auf die chinesische Herkunft, sondern auch zusätzliche graphische, etwa auf die betriebliche Herkunft hinweisende Bestandteile enthält, repräsentiert sie letztendlich einen beschränkten Kreis der chinesischen Unternehmen dar, die einerseits mit „Made in China“ für ihre chinesische Herkunft werben, sich aber andererseits durch die Verwendung der Marke von dem „üblichen“ Verständnis dieser Bezeichnung herausheben wollen. Diese scheinbar widersprüchliche Zielsetzung korrespondiert aber gerade mit der aktuellen Lage von „Made in China“, das negatives Image und positives Entwicklungspotenzial in sich vereint. Der Aufstieg von „Made in China“ würde dann maßgeblich von dem wirtschaftlichen Erfolg der Kollektivmarke abhängen, der die Attraktivität des Zeichens unter den verbandsexternen Unternehmen und deren Beitrittsbereitschaft erhöhen würde. Durch langjährige Praxis könnte sich „Made in China“ zumindest im Rahmen dieses kollektiven Markenschutzes zu einer Qualitätsaussage entwickeln.

D. Zusammenfassung des Schutzinhalts

Nachdem oben die Vorschriften zum Schutz der geographischen Herkunftsangaben des Markengesetztes einer kennzeichenrechtlichen Auslegung unterzogen werden, kann der Schutzinhalt des subjektiven Rechts an der Angabe der chinesischen Herkunft („Made in China“) wie folgt zusammengefasst werden:

Im Rahmen der generellen Schutzvorschriften (§§ 126 ff. MarkenG) kann „Made in China“ praktisch nur als einfache geographische Herkunftsangabe nach § 127 Abs. 1 MarkenG geschützt werden. Diese Vorschrift lässt eine objektivierte Auslegung und Ermittlung des Schutzinhalts weitgehend zu. Nach der hier vertretenen Auffassung sollen die zollrechtlichen Bestimmungen des Herkunftslands trotz der teilweise berechtigten Einwände bei der Anwendung des § 127 Abs. 1 MarkenG herangezogen werden. Dadurch wird die Rechtssicherheit hinsichtlich der Frage nach der staatlichen Herkunft eines Produktes gewährleistet. Es ist aus systematischen Gründen nicht die Aufgabe des § 127 Abs. 1 MarkenG als „Eingangsstufe“ der generellen Schutzvorschriften, qualitative Wertungen bei der Ermittlung des Schutzinhalts vorzunehmen. Der so ermittelte Schutzinhalt des § 127 Abs. 1 MarkenG ist für die Aufstiegsinteressen von „Made in China“ allerdings nur von geringer Relevanz. Denn diese Vorschrift kann mangels Möglichkeiten einer qualitativen Wertung nicht bezwecken, dass Verwendung von „Made in China“ nur bei Erfüllung bestimmter Produktstandards erfolgt.

Im Rahmen des registergebundenen Schutzes der geographischen Kollektivmarken ist „Made in China“ in beschränktem Umfang möglich, die Benutzungsvoraussetzungen der geographischen Herkunftsangabe nach Willen der Ortsansässigen bzw. des chinesischen Staats zu gestalten und einen positiven

Einfluss auf die Entwicklung von „Made in China" auszuüben. Nach der hier vertretenen Auffassung ist bei der inhaltlichen Kontrolle der Markensatzung dem Verband im Hinblick auf den subjektiven Rechtscharakter einer geographischen Herkunftsangabe weitgehende Gestaltungsfreiheit einzuräumen. Der kollektive Markenschutz für „Made in China" führt zwar nicht zu einer Monopolisierung des Verbands über die Angabe der staatlichen Herkunft. Die markenmäßige Benutzung der Angabe ist allerdings nur dem Verband vorbehalten. Durch den wirtschaftlichen Erfolg der Kollektivmarke wäre der Aufstieg von „Made in China" in diesem Rahmen möglich.

6. Teil: Fazit und Ausblick auf die Zukunft

Die Bedeutung von „Made in China“ wird sich in Zukunft sowohl in wirtschaftlicher als auch in rechtlicher Hinsicht enorm steigern. Hinter diesem Zeichen steht ein ambitioniertes Land mit gewaltigem Entwicklungspotenzial. Obwohl „Made in China“ heutzutage immer noch ein eher negatives Image aufweist, ist davon auszugehen, dass der wirtschaftliche Aufstieg Chinas und die angestrebte Reform seiner Fertigungsindustrie die Wahrnehmung der chinesischen Erzeugnisse unter dem deutschen Publikum aus langfristiger Sicht positiv verändern werden. Dadurch besteht hohe Wahrscheinlichkeit für die Zukunft, dass „Made in China“ im Verkehr nicht mehr wie bisher überwiegend als bedeutungslose Angabe des Produktionslands vorkommt, sondern von den chinesischen Herstellern gezielt als Werbeangabe für ihre Produkte verwendet wird. Dies liegt nicht nur daran, dass die Aussagekraft von „Made in China“ mit dem Aufstieg der chinesischen Wirtschaft vom Publikum neu interpretiert wird, so dass die Verwendung dieses Kennzeichens bereits aus wirtschaftlichen Gründen immer attraktiver wird. Abgesehen davon legen der chinesische Staat und seine Industrie, geprägt von den Gedanken des nationalen Bewusstseins, großen Wert auf die Symbolkraft von „Made in China“, das die wirtschaftliche Stärke des Landes im internationalen Kontext demonstrieren soll. Diese Prognose gibt Anlass, Möglichkeiten und Grenzen der Entwicklung von der Angabe „Made in China“ unter der deutschen Rechtsordnung zu untersuchen.

Der rechtliche Bezugspunkt für eine Angabe der staatlichen Herkunft wie „Made in China“ liegt in erster Linie in den Regelungen zum Schutz der geographischen Herkunftsangaben. Diese bestehen aus internationalen, europäischen und nationalen Vorschriften. Während die internationalen Vorschriften in Form von diversen völkerrechtlichen Übereinkommen kaum eine praktische Bedeutung besitzen, nehmen die Vorschriften sowohl im Bereich des Primär- als auch Sekundärrechts der EU einen erheblichen Einfluss auf die Auslegung und Anwendung der deutschen Vorschriften zum Schutz der geographischen Herkunftsangaben aus. Zum einen werden die geographischen Herkunftsangaben vom EuGH dem gewerblichen und geistigen Eigentum im Sinne des Art. 36 AEUV zugeordnet, was letztendlich die entscheidende Richtung für den Streit über die Rechtsnatur der geographischen Herkunftsangaben in deutscher Rechtsprechung und Literatur vorgegeben hat. Zum anderen liefern diverse sekundäre Gesetzgebungen, vor allem die RL (EG) 2004/48 und die VO (EU) 1151/2012, wichtige Erkenntnisse des subjektiven Rechtsschutzes der geographischen Herkunftsangaben für die Anwendung und Auslegung des deutschen Markengesetzes.

In Deutschland wurden die geographischen Herkunftsangaben traditionell durch das Wettbewerbsrecht nur mittelbar geschützt. Im Mittelpunkt dieses Schutzmodells steht stets der Schutz der Verbraucher und Mitbewerber vor unlauteren Geschäftspraktiken, die mittels irreführender Angaben von geographischen Herkunftsangaben begangen werden. Die subjektiven Rechte der Ortsansässigen an der Benutzung und Verwertung ihrer Angaben wurden lange Zeit von der Rechtsprechung nicht anerkannt. Das Inkrafttreten des Markengesetzes hat zunächst keinen Paradigmenwechsel in der Rechtsprechung bewirkt, obwohl die geographischen Herkunftsangaben als geschützte Kennzeichen in § 1 Nr. 3 MarkenG genannt wurden und der Gesetzgeber die Herkunftsfunktion und den kollektiven Goodwill der geographischen Herkunftsangaben in den Entwurfsbegründungen ausdrücklich anerkannte. Erst nach einigen weiteren Entwicklungen im europäischen Recht des geistigen Eigentums, insbesondere dem Erlass der Richtlinie (EG) 2004/48 und seiner Umsetzung in das deutsche Recht sah der BGH sich dazu veranlasst, in der Entscheidung „Himalaya Salz" sich von dem wettbewerbsrechtlichen Verständnis der geographischen Herkunftsangaben zu lösen und ihren subjektiven Rechtscharakter anzuerkennen. Die Entscheidung ist trotz ihrer nicht überzeugenden Begründungen im Ergebnis zu begrüßen und es ist nunmehr davon auszugehen, dass die Vorschriften zum Schutz der geographischen Herkunftsangaben im Markengesetz kennzeichenrechtlich auszulegen sind, während die Vorschriften im UWG zu Bekämpfung der Irreführung mittels geographischer Herkunftsangaben weiterhin ihre Geltung beibehalten und zu Vorschriften des Markengesetzes in Anspruchskonkurrenz stehen.

Die Analyse der bisherigen wettbewerbsrechtlichen Handhabung der Angabe einer staatlichen Herkunft, insbesondere der Angabe „Made in Germany" durch die Rechtsprechung zeigt, dass der mittelbare Rechtsschutz der geographischen Herkunftsangaben durch das Wettbewerbsrecht stark von der subjektiven Einschätzung des Richters im Einzelfall abhängt und aufgrund der unterschiedlichen Interessenlage für „Made in China" ohnehin nicht in Frage kommt. Im Rahmen des wettbewerbsrechtlichen Schutzes können die Entwicklungs- und Aufstiegsinteressen von „Made in China" keine Berücksichtigung finden.

Der kennzeichenrechtliche Schutz von „Made in China" nach dem Markengesetz muss zunächst die Schwelle überwinden, warum der Angabe einer solchen staatlichen Herkunft, die bislang überwiegend in einem negativen Kontext vorkommt und aktuell keine positive Wertschätzung unter dem deutschen

Publikum besitzt, dennoch der subjektive Rechtsschutz offensteht. Die Analyse der einschlägigen europäischen Rechtsprechung und der Willen des deutschen Gesetzgebers zeigt, dass das Gesetz hinsichtlich der subjektiven Rechtsnatur der geographischen Herkunftsangaben keine wertungsmäßige Beurteilung über das Image der Herkunftsangabe vornimmt und dem Entwicklungspotenzial jeder geographischen Herkunftsangabe Rechnung trägt. Der subjektive Rechtsschutz für eine geographische Herkunftsangabe entsteht bereits dann, wenn diese abstrakt die Eignung besitzt, Wertschätzung unter den Verbrauchern zu erfahren und die Ortsansässigen sie aktiv zur Kennzeichnung der geographischen Herkunft ihrer Produkte benutzen. Weil „Made in China" jedenfalls ein Entwicklungspotenzial besitzt und der Wille der chinesischen Ortsansässigen, ihre Produkte zukünftig unter der Angabe aktiv zu betreiben, eindeutig erkennbar sind, ist „Made in China" die Eigenschaft des subjektiven Rechts zuzusprechen.

Auf dieser Grundlage wird dann untersucht, welche Möglichkeiten der subjektive Rechtscharakter von „Made in China" den chinesischen Ortsansässigen eröffnen, das Image dieser Angabe der staatlichen Herkunft positiv zu verändern. Bei der Ermittlung des Schutzinhalts des subjektiven Rechts an „Made in China" durch kennzeichenrechtliche Auslegung der Schutzvorschriften des Markengesetzes ist zunächst an dem Grundsatz festzuhalten, dass das Benutzungsrecht das Zentralstück des Zuweisungsgehalts der geographischen Herkunftsangaben darstellt. Als Ausprägung des subjektiven Rechtscharakters ist den Ortsansässigen grundsätzlich die Möglichkeit einzuräumen, die Entwicklung ihrer geographischen Herkunftsangaben durch Gestaltung der Benutzungsvoraussetzungen selbst zu beeinflussen. Dies beinhaltet zugleich die Anforderung für die Auslegung, den Einfluss der subjektiven Verkehrssicht aus dem wettbewerbsrechtlichen Schutzmodell zu minimieren und den Schutzinhalt der geographischen Herkunftsangaben möglichst an objektiven, normativen Kriterien anzuknüpfen.

Die weitere Analyse der generellen Schutzvorschriften (§§ 126 ff. MarkenG) zeigt, dass diese zum einen einer objektivierten Auslegung nur bedingt zugänglich ist und zum anderen nur ein geringes Schutzniveau gewähren kann. Für eine geographische Herkunftsangabe ohne etabliertes Ansehen fehlen die gesetzlichen Rahmenbedingungen für eine weitere Entwicklung. Im Rahmen des § 127 Abs. 1 MarkenG ist zwar eine objektivierte Auslegung unter Heranziehung der zollrechtlichen Bestimmungen weitgehend möglich. Diese Vorschrift entspricht allerdings nicht den Entwicklungsinteressen von „Made in China" und bietet den chinesischen Ortsansässigen in absehbarer Zukunft keinen Anreiz, den Schutz nach dieser Vorschrift zu beanspruchen. Der Schutz durch § 127 Abs. 2 MarkenG kommt trotz seiner Nähe zum Schutzmodell der VO (EU) 1151/2012 praktisch nicht in Betracht, weil es an Möglichkeiten mangelt, die Benutzungsvoraussetzungen der geographischen Herkunftsangaben unter Beteiligung der Ortsansässigen festzulegen. Auch der Schutz durch § 127 Abs. 3 MarkenG scheidet aus, weil dieser nur bei einem bereits existierenden guten Ruf in Frage kommt und gerade nicht für den Rufaufbau eingesetzt werden kann.

Es bleiben somit die Vorschriften zum kollektiven Markenschutz nach §§ 97 ff. MarkenG, die sich als die nächstliegende Möglichkeit für das Ziel von „Made in China" für den zukünftigen Aufstieg erweisen. Durch den registergebundenen Schutz der geographischen Kollektivmarken haben die Ortsansässigen dort überhaupt die Möglichkeit, eigene Benutzungsvoraussetzungen in transparenter Weise aufzustellen und die Entwicklung ihrer Herkunftsangaben zu beeinflussen. Hinsichtlich der strukturellen Defizite der generellen Schutzvorschriften bietet der kollektive Markenschutz eine adäquate Entfaltungsmöglichkeit aus Sicht der Ortsansässigen.

Es ist den chinesischen Produzenten im Rahmen der geographischen Kollektivmarken möglich, sich, ggf. unter der Initiative bzw. Führung des chinesischen Staates, zu einem Verband zusammen zu schließen und eine Kollektivmarke mit dem Bestandteil „Made in China" und einem sonstigen Hinweis auf die chinesische Herkunft zu betreiben. Eine solche geographische Kollektivmarke würde keine umfassende Vertretung der chinesischen Herkunft darstellen und könnte die Verwendung von „Made in China" im bisherigen Kontext nicht verhindern. Sie könnte allerdings der chinesischen Herkunft den Einstieg in eine Qualitätspolitik ermöglichen und den langen Prozess des Imagetransfers rechtlich begleiten. Ob in Zukunft von dieser rechtlichen Möglichkeit tatsächlich Gebrauch gemacht wird, hängt freilich von dem wirtschaftlichen und politischen Willen seitens Chinas ab. Der subjektive Rechtschutz für eine geographische Herkunftsangabe kann nur dann einen dauerhaften Erfolg erzielen, wenn die Ortsansässigen ihre Kräfte vereinen und unter einer gemeinsamen Politik nach außen handeln. Für die Angabe einer staatlichen Herkunft gilt prinzipiell nichts Anderes. Das große Durchsetzungsvermögen des chinesischen Staates könnte in diesem Kontext ein möglicher Einflussfaktor für den Rechtschutz und den Aufstieg von „Made in China" in der internationalen Wertschätzung sein. Es bleibt in Zukunft spannend, wie sich das deutsche Recht zum Schutz der geographischen Herkunftsangaben entwickelt und „Made in China" seine Stellung innerhalb des Instruments des subjektiven Rechtsschutzes behauptet.

Literaturverzeichnis

Ahrens, Hans-Jürgen, Geographische Herkunftsangaben – Tätigkeitsverbot für den BGH? – Über gemeinschaftsrechtlichen Eigentumsschutz und Importbehinderungen kraft Irreführungsschutzes, GRUR Int 1997, S. 508–515.

Bamberger, Heinz Georg/Roth, Herbert/Hau, Wolfgang/Poseck, Roman (Hrsg.), BGB, 4. Auflage, München 2019.

Bartenbach, Kurt/Jung, Ingo/Renvert, Andrea, Aktuelles aus dem Wettbewerbsrecht – Verwendung von „Made in Germany" in wettbewerbsrechtlicher Hinsicht und „notarielle Unterwerfungserklärung" als Instrument zur Beseitigung der Wiederholungsgefahr im Wettbewerbsrecht, MittdtschPatAnw 2016, S. 8–12.

Becker, Tilman, Zur Bedeutung geschützter Herkunftsangaben, 2. Auflage, Stuttgart 2006.

Beier, Friedrich-Karl, Geographische Herkunftsangaben und Ursprungsbezeichnungen (Soll Deutschland dem Lissaboner Ursprungsabkommen beitreten?), GRUR Int 1968, S. 69–81.

Ders., Der Schutz geographischer Herkunftsangaben in Deutschland, GRUR 1963, S. 236–245.

Ders., Das Schutzbedürfnis für Herkunftsangaben und Ursprungsbezeichnungen im Gemeinsamen Markt – Zum „Sekt/Weinbrand"-Urteil des Europäischen Gerichtshofs vom 20. Februar 1975, GRUR Int 1977, S. 1–12.

Ders./Knaak, Roland, Der Schutz geographischer Herkunftsangaben in der Europäischen Gemeinschaft, GRUR Int 1992, S. 411–424.

Böhm, Julia, Die verpflichtende Herkunftskennzeichnung in der Lebensmittelinformationsverordnung, Bayreuth 2014.

Bongiorni, Sara, Ein Jahr leben ohne „Made in China": eine Familie, ein Boykott, ein Abenteuer, 1. Auflage, Weinheim 2011.

Bock, Andreas, Gütezeichen als Qualitätsaussage im digitalen Informationsmarkt, Darmstadt 2000.

Bornkamm, Joachim, Die Schnittstellen zwischen gewerblichem Rechtsschutz und UWG – Grenzen des lauterkeitsrechtlichen Verwechslungsschutzes, GRUR 2011, S. 1–8.

Breu, Christian, Der Country-of-Origin-Effekt: Determinanten und Management, München 2002.

Busche, Jan/Stoll, Peter-Tobias/Wiebe, Andreas (Hrsg.), TRIPs – Internationales und europäisches Recht des geistigen Eigentums, Köln 2013.

Büscher, Wolfgang, Neuere Entwicklungen der Rechtsprechung des Europäischen Gerichtshofs und des Bundesgerichtshofs zu den geographischen Herkunftsangaben, GRUR Int 2005, S. 801–809.

Der., Geographische Herkunftsangaben als Gegenstand des gewerblichen Eigentums oder als Steuerungsinstrument von Wirtschaft und Politik? – Wirtschaftliche Bedeutung, Voraussetzungen und Rechtsfolgen der Standortbestimmung für den Schutz geographischer Herkunftsangaben, GRUR Int 2008, S. 977–983.

Ders., Der Schutz geografischer Herkunftsangaben nach der Warsteiner-Entscheidung des EuGH, in: Ahrens, Hans-Jürgen, Festschrift für Willi Erdmann: zum 65. Geburtstag, Köln 2002, S. 237.

Ders./Dittmer, Stefan/Schiwy, Peter, Gewerblicher Rechtsschutz, Urheberrecht, Medienrecht : Kommentar, 3. Auflage, Köln 2015.

ten Brink, Tobias, Chinesischer Kapitalismus? Unternehmen und Unternehmertum in China, in: Fischer, Doris/Müller-Hofstede, Christoph (Hrsg.), Länderbericht China, Bonn 2014, S. 681–702.

Calliess, Christian/Ruffert, Matthias (Hrsg.), EUV/AEUV, 5. Auflage, München 2016.

v. Danwitz, Thomas, Ende des Schutzes der geographischen Herkunftsangabe? – Verfassungsrechtliche Perspektiven –, GRUR 1997, S. 81–90.

Dück, Hermann, „Made in Germany“ zwischen Auslaufmodell und Gütesiegel, Berlin 2015.

Ders., Methodik der Delegationslücke, ZfPW 2018, S. 76–120.

Ders., Qualitätsanforderungen an die Kennzeichnung „Made in Germany“, WRP 2013, S. 1296–1300.

Ders., Geographische Herkunftsangaben auf dem Weg zum Kennzeichenrecht? – Dargestellt am Beispiel von „Made in Germany“, WRP 2011, S. 1107–1116.

Ders., Deskriptiv vs. normativ – Zum Beurteilungsmaßstab bei „Made in Germany“; Zugleich Anmerkung zu BGH, 27.11.2014 – I ZR 16/14 – „Kondome – Made in Germany“, WRP 2015, S. 695–698.

Ders., Kriterien für eine geografisch korrekte Benutzung von „Made in Germany“, GRUR 2013, S. 576–582.

Ders./Maschemer, Andreas, Swissness-Vorlage als Vorbild für „Made in Germany“?, GRUR Int 2015, S. 220–230.

Eberli, Tatiana, „Made in Switzerland” – zwischen Marken- und Zollrecht, GRUR Int 2011, S. 20–27.

Eichmann, Helmut, Die dreidimensionale Marke im Verfahren vor dem DPA und dem BPatG, GRUR 1995, S. 184–197.

Ekey, Friedrich L./Bender, Achim/Fuchs-Wissemann, Georg (Hrsg.), Markenrecht Band 1, 3. Auflage, Heidelberg 2014.

Europäische Kommission, Commission Staff Working Document, Report on the protection and enforcement of intellectual property rights in third countries, SWD(2018) 47 final.

European Union Chamber of Commerce in China, China Manufacturing 2025: Putting Industrial Policy Ahead of Market Forces, 2017.

Faßbender, Kurt/Herbrich, Tilman, Geografische Herkunftsangaben im Spannungsfeld von nationalem und europäischem Recht, GRUR Int 2014, S. 765–775.

Felderhoff, Kai Henning, Der Ursprung als Grundlage handelspolitischer Maßnahme, Witten 2014.

Fezer, Karl-Heinz, Markenrecht, 4. Auflage, München 2009.

Ders., Das wettbewerbsrechtliche Irreführungsverbot als ein normatives Modell des verständigen Verbrauchers im Europäischen Unionsrecht, WRP 1995, S. 671–676.

Ders./Büscher, Wolfgang/Obergfell, Eva Inés (Hrsg.): Lauterkeitsrecht – Kommentar zum Gesetz gegen den unlauteren Wettbewerb (UWG), Band 1, 3. Auflage, München 2016.

Ders., Kennzeichenschutz und Wettbewerbsschutz geographischer Herkunftsangaben, in: Bopp, Thomas (Hrsg.), Recht und Wettbewerb: Festschrift für Horst Helm zum 65. Geburtstag, München 2002, S. 151–160.

v. Gamm, Otto-Friedrich Frhr., Der Schutz geographischer Herkunftsangaben nach mehr- und zweiseitigen Staatsverträgen in der Bundesrepublik Deutschland, in: Pfeiffer, Gerd (Hrsg.), Festschrift für Hans Erich Brandner zum 70. Geburtstag, S. 375–386.

Gaier, Reinhard (Hrsg.), Münchener Kommentar zum Bürgerlichen Gesetzbuch, Band 7, 7. Auflage, München 2017.

Gimpl, Angelika, Nation Branding – Entwicklung einer nationalen Markenidentität unter besonderer Berücksichtigung von Public Relations am Beispiel von Litauen, Lettland und Nigeria, Hamburg 2013.

Glaus, Urs, Die geographische Herkunftsangabe als Kennzeichen, Basel 1996.

Gloy, Wolfgang, Geographische Herkunftsangaben, wettbewerbsrechtliche Relevanz und klarstellende Zusätze, in: Erdmann, Willi (Hrsg.), Festschrift für Henning Piper, München 1996, S. 543–562.

Ders./Loschelder, Michael/Erdmann, Willi (Hrsg.), Handbuch des Wettbewerbsrechts, 4. Auflage, München 2010.

Göber, Christian, Innovationskultur und Innovationssysteme in China, in: Freimuth, Joachim/Schädler, Monika (Hrsg.), Chinas Innovationsstrategie in der globalen Wissensökonomie, Wiesbaden 2017, S. 61–76.

Grumbrecht, Nina, Die geografische Herkunftsangabe als Immaterialgut im System des europäischen Rechtsschutzes der geografischen Angaben und Ursprungsbezeichnungen, Konstanz 2017.

Gündling, Benjamin, „Made in Germany“: Geografische Herkunftsbezeichnung zwischen Qualitätsnachweis und Etikettenschwindel, GRUR 2007, S. 921–926.

Harte-Bavendamm, Henning, Ende der geographischen Herkunftsbezeichnungen? – „Brüsseler Spitzen“ gegen den ergänzenden nationalen Rechtsschutz –, GRUR 1996, S. 717–729.

Ders./Henning-Bodewig, Frauke (Hrsg.), Gesetz gegen den unlauteren Wettbewerb (UWG), 4. Auflage, München 2016.

Helm, Horst, Der Schutz geographischer Herkunftsangaben nach dem Markengesetz, in: Bauer, Jürgen F. (Hrsg.), Festschrift für Ralf Vieregge zum 70. Geburtstag am 6. November 1995, Berlin 1995, S. 335–360.

Kahler, Jörg, Die geographischen Herkunftsangaben an der Schnittstelle zwischen Markenrecht und Wettbewerbsrecht, Frankfurt am Main 2002.

Kickler, Hilke, Die Geschichte des Schutzes geographischer Herkunftsangaben in Deutschland: vom zweiten deutschen Kaiserreich bis zum Markengesetz, Tübingen 2012.

Kiefer, Jonas, Der BGH in Sachen "Himalaya Salz" – Verpasste Chance zur trennscharfen Differenzierung zwischen Lauterkeits- und Kennzeichenrecht, WRP 2016, S. 1458–1466.

Kiontke, Andreas, Anmerkung zur Entscheidung des Bundesgerichtshofs vom 31.03.2016, I ZR 86/13, ZLR 2016, S. 710–715.

Klein, Fabian/Sieger, Jennifer, „Made in EU“, „Germany“ oder die deutsche Flagge – Alternativen zu „Made in Germany“?, GRUR-Prax 2013, S. 57–59.

Klingstein, Doreen, Schutz geographischer Angaben und Ursprungsbezeichnungen in Europa, Göttingen 2001.

Knaak, Roland, Der Schutz geographischer Angaben nach dem TRIPS-Abkommen, GRUR Int 1995, S. 642–652.

Ders., Der Schutz geographischer Herkunftsangaben im neuen Markengesetz, GRUR 1995, S. 103–112.

Köhler, Helmut/Bornkamm, Joachim/Feddersen, Jörg, Gesetz gegen den unlauteren Wettbewerb: UWG, 37. Auflage, München 2019.

Kretschmer, Friedrich, „Made in Germany", Markenartikel 1977, S. 21.

Kreutzer, Ralf T., Herausforderung China, Betriebswirt 2018, Nr. 3 S. 10–16.

Krieger, Albrecht, Das Warenzeichen als Eigentumsrecht im Sinne des Artikels 14 des Grundgesetzes, GRUR 1980, S. 335–342.

Kühn, Richard, Das „Made-in-Image" Deutschlands im internationalen Vergleich, ZFP 1993, S. 119–127.

Kur, Annette/v. Bomhard, Verena/Albrecht, Friedrich (Hrsg.), Friedrich, Markenrecht, München 2018.

Lange, Paul, Marken- und Kennzeichenrecht, 2. Auflage, München 2012.

Lebrenz, Silke, Länderimages: Einflussfaktor und Bedeutung für das Konsumentenverhalten, Lohmar 1996.

Lehmann, Michael/Schönfeld, Thomas, Die neue europäische und deutsche Marke: Positive Handlungsrechte im Dienste der Informationsökonomie, GRUR 1994, S. 481–489.

Lettl, Tobias, Die Aktivlegitimation für Unterlassungsansprüche wegen unberechtigter Verwendung einer geografischen Herkunftsangabe nach § 128 Abs. 1 MarkenG, WRP 2008, S. 446–453.

Lindacher, Walter F., Geografische Herkunftsangaben im Kennzeichen- und Lauterkeitsrecht. Gedanken zur Neujustierung des einschlägigen Koordinatensystems, in: Stumpf, Cordula/Kainer, Friedemann/ Baldus, Christian (Hrsg.), Privatrecht, Wirtschaftsrecht, Verfassungsrecht: Privatinitiative und Gemeinwohlhorizonte in der europäischen Integration; Festschrift für Peter-Christian Müller-Graff zum 70. Geburtstag am 29. September 2015, Baden-Baden 2015, S. 649–657.

Loschelder, Michael, Geografische Herkunftsangaben – Absatzförderung oder erzwungene Transparenz, GRUR 2016, S. 339–346.

Ders., Die sogenannte einfache geografische Herkunftsangabe, in: Keller, Erhard (Hrsg.), Festschrift für Winfried Tilmann: zum 65. Geburtstag, Köln 2003, S. 403–414.

Ders., Zum Anwendungsbereich der EWGV 2081/92, ZLR 2001, S. 115–120.

Ders., Zum Rechtsschutz der geografischen Herkunftsangabe; Spannungsbereich zwischen europäischem und nationalem Recht sowie zwischen Kennzeichen und Markenrecht, MarkenR 2015, S. 225–233.

Ders., Ansprüche zum Schutze geographischer Herkunftsangaben, in: Büscher, Wolfgang (Hrsg.), Rechtsdurchsetzung: Rechtsverwirklichung durch materielles Recht und Verfahrensrecht; Festschrift für Hans-Jürgen Ahrens zum 70. Geburtstag, Köln 2016, S. 255–268.

Ders., Die Rechtsnatur der geographischen Herkunftsangaben, in: Büscher, Wolfgang/Glöckner, Joch/Nordemann, Axel/Osterrieth, Christian/Rengier, Rudolf (Hrsg.), Marktkommunikation zwischen geistigem Eigentum und Verbraucherschutz: Festschrift für Karl-Heinz Fezer zum 70. Geburtstag, München 2016, S. 711–724.

Ders., Gemeinschaftskollektivmarke und VO 2081/92 [510/2000] – Parallele Anforderungen an das Vorliegen eines Gattungsbegriffs?, in: Ahrens, Hans-Jürgen (Hrsg.), Festschrift für Eike Ullmann, Saarbrücken 2006, S. 285–296.

McGuire, Mary-Rose, Die geographische Herkunftsangabe im Gemeinschaftsrecht – Über systematische Unterschiede der VO (EG) Nr. 510/2006 im Vergleich zum deutschen Recht, WRP 2008, S. 620–628.

Mergel, Harald, Anmerkung zu BVerfG, 1. Senat 08.03.1988 1 BvR 1092/84 „Esslinger Neckarhalde II“, GRUR 1988, S. 613–614.

Möller, Thorsten, Landesimage und Kaufentscheidung: Erklärung, Messung, Marketingimplikationen, Wiesbaden 1997.

Obergfell, Eva Inés, Marktkommunikation durch geographische Herkunftsangaben, in: Büscher, Wolfgang/Glöckner, Joch/Nordemann, Axel/Osterrieth, Christian/Rengier, Rudolf (Hrsg.), Marktkommunikation zwischen geistigem Eigentum und Verbraucherschutz: Festschrift für Karl-Heinz Fezer zum 70. Geburtstag, München 2016, S. 725–726.

Dies., „Qualitätsneutrale” geographische Herkunftsangaben als Schutzdomäne des nationalen Rechts – Zur Entscheidung des EuGH vom 7. 11. 2000 – Rs. C-312/98 (Warsteiner), GRUR 2001, S. 313–317.

OECD/EUIPO, Trade in Counterfeit and Pirated Goods, Mapping the Economic Impact, 2016.

Ohly, Ansgar, Geistiges Eigentum?, JZ 2003, S. 545–554.

Ders., Geistiges Eigentum und Gemeinfreiheit: Forschungsperspektiven, in: Ohly, Ansgar/Klippel, Diethelm (Hrsg.), Geistiges Eigentum und Gemeinfreiheit, Tübingen 2007, S. 1–18.

Ders./Sosnitza Olaf, Gesetz gegen den unlauteren Wettbewerb: UWG, 7. Auflage, München 2016.

Omsels, Hermann-Josef, Geografische Herkunftsangaben, Köln 2007.

Ders., Versuch einer Neuorientierung des Schutzes der geografischen Herkunftsangaben im deutschen Recht, WRP 2006, S. 434–448.

Pahlow, Louis, Das Recht an der Marke als Benutzungsrecht des Markeninhabers, MarkenR 2006, S. 97–104.

Palandt, Otto (Begr.), Bürgerliches Gesetzbuch, 78. Auflage, München 2019.

Ramírez, Cecilia León, Der Schutz von geographischen Angaben und Ursprungsbezeichnungen für Agrarerzeugnisse und Lebensmittel nach der Verordnung (EG) Nr. 510/2006, Baden-Baden 2007.

Rauffus, Gunnar, Der internationale Schutz geografischer Herkunftsangaben, Jena 2010.

Reinhard, Tim, Die geographische Herkunftsangabe nach dem Markengesetz unter Berücksichtigung internationaler Regelungen, Würzburg 1999.

Sach, Rolf, Irreführende Werbung mit wahren Angaben, in: von Westphalen, Friedrich Graf/Sandrock, Otto (Hrsg.), Lebendiges Recht – Von den Sumerern bis zur Gegenwart; Festschrift für Reinhold Trinkner zum 65. Geburtstag, Heidelberg 1995, S. 293–320.

Scherer, Inge, Normative Bestimmung von Verwechslungs- und Irreführungsgefahr im Markenrecht, GRUR 2000, S. 273–279.

Schirrmann, Eric, Lokale Produktherkunft und Konsumentenverhalten: der Einfluss der City-of-Origin auf die Kaufentscheidung, Wiesbaden 2005.

Schricker, Gerhard, Der Schutz der Ursprungsbezeichnungen und Herkunftsangaben gegen anlehnende Bezugnahme, GRUR Int 1982, S. 515–521.

Schröter, Stefan Jonas, Der Schutz geographischer Herkunftsangaben nach Marken-, Wettbewerbs- und Registerrecht in Deutschland und der Schweiz, Jena 2011.

Schulte-Beckhausen, Thomas, Geographische Herkunftsangaben als Gegenstand des Gewerblichen Eigentums oder als Steuerungsinstrument von Wirtschaft und Politik? – Analyse der bestehenden Rechtslage und Vorschlag für einen erweiterten Schutz auf nationaler Ebene, GRUR Int 2008, S. 984–990.

v. Schulz, Detlef (Hrsg.), Kommentar zum Markenrecht, 3. Auflage, Frankfurt am Main 2012.

Slopek, David E.F., Schwarz, rot, bunt – Wie „deutsch“ muss ein Produkt „Made in Germany“ sein? Kriterien für die rechtlich zulässige Werbung mit dem Qualitätsmerkmal, GRUR-Prax 2011, S. 291–292.

Ders./Napiorkowski, Daniel, Der Werbeslogan “Made in Germany”, WRP 2012, S. 426–429.

Schüller, Margot, China und die Weltwirtschaft, in: Fischer, Doris/Müller-Hofstede, Christoph (Hrsg.), Länderbericht China, Bonn 2014, S. 739–774.

Sosnitza, Olaf, Subjektives Recht und Ausschließlichkeit – Zugleich ein Beitrag zur dogmatischen Einordnung der geographischen Herkunftsangaben, MarkenR 2000, S. 77–88.

Ders., Zum Benutzungserfordernis bei geographischen Herkunftsangaben, in: Reese, Ulrich (Hrsg.), Festschrift Ulf Doepner zum 65. Geburtstag, München 2008, S. 63–68.

Ders., „Davidoff“ im Recht der geographischen Herkunftsangaben? – Waren- und Dienstleistungsähnlichkeit als schutzbegrenzendes Element in der Herkunftskennzeichnung, WRP 2018, S. 647–652.

Ders., BGH ändert seine Meinung zur dogmatischen Grundlage der §§ 126 ff. MarkenG und geht von kennzeichenrechtlich begründetem Schutz für geografische Herkunftsangaben aus, jurisPR-WettbR 8/2016 Anm. 1.

Streber, Albert Christian, Die internationalen Abkommen der Bundesrepublik Deutschland zum Schutz geographischer Herkunftsangaben, Köln 1994.

Streinz, Rudolf, EUV/AEUV, 3. Auflage, München 2018.

Ströbele, Paul/Hacker, Franz (Hrsg.), Markengesetz, 12. Auflage, Köln 2018.

Tilmann, Winfried, Kennzeichenrechtliche Aspekte des Rechtsschutzes geographischer Herkunftsangaben, in: Beier, Friedrich-Karl (Hrsg.), Gewerblicher Rechtsschutz und Urheberrecht in Deutschland: Festschrift zum hundertjährigen Bestehen der Deutschen Vereinigung für Gewerblichen Rechtsschutz und Urheberrecht und ihrer Zeitschrift, Band 2, Weinheim 1991, S. 1007–1050.

Ders., Die geographische Herkunftsangabe, München 1976.

Ders., Zur Bestimmung des Kreises der an einer geographischen Herkunftsangabe Berechtigten, GRUR 1980, S. 487–496.

Tian, Shubin/Pan, Zhi, „Made in China 2025“ und „Industrie 4.0“ – Gemeinsam in Bewegung, in: Sendler, Ulrich (Hrsg.), Industrie 4.0 grenzenlos, 1. Auflage, Berlin 2016, S. 91–120.

Tscheulin, Dieter K./Davoine, Eric, Vertrauen in Herkunftsbezeichnung und Verbraucherpatriotismus: eine explorative Deutschland-Frankreich vergleichende Studie, Freiburg im Breisgau, 2000.

Ullmann, Eike, Der Schutz der Angabe zur geographischen Herkunft – wohin? – Die geographische Herkunftsangabe im Wettbewerbsrecht und im Markenrecht –, GRUR 1999, S. 666–673.

Wolf, Manfred/Neuner, Jörg, Allgemeiner Teil des Bürgerlichen Rechts, 11. Auflage, München 2016.

Winkler, Ingo/Wang, Xueli, Made in China: Marken- und Produktpiraterie; Strategien der Fälscher & Abwehrstrategien für Unternehmen, Frankfurt am Main 2007.

Witte, Peter (Hrsg.), UZK, 7 Auflage, München 2018.

Ders. u.a., Made in China 2025, The making of a high-tech superpower and consequences for inudstiral countries, Berlin 2016.

Wulf, Julia, „Made in Germany“: wirtschaftliche Bedeutung und rechtliche Schutzmöglichkeiten, Frankfurt am Main 1995.

Zenglein, Max J./Wübbeke, Jost, Von der „Werkbank der Welt“ zur Innovationswirtschaft, Informationen zur politischen Bildung Nr. 337/2018, S. 64–70.

Zhang, Zhentang, Von „Made in China“ zu „Innovated in China“, DIW-Wochenbericht Band 74, Nr. 27/28.

Ziegenaus, Fabian, „Made in Germany“ für in Italien geschmiedete Kolben, GRUR-Prax 2014, S. 440.

Zipfel, Walter (Begr.)/Rathke, Kurt-Dietrich/Sosnitza, Olaf (Hrsg.), Lebensmittelrecht, 173. Ergänzungslieferung, München 2019.

Internetquellen

DGQ, „Made in China“ – Qualität aus dem Reich der Mitte?, abrufbar unter: https://www.dgq.de/aktuelles/news/made-in-china-qualitaet-aus-dem-reich-der-mitte/ (Zugriff: 30.03.2020)

Europäische Kommission, Tabelle der auf Waren (nach ihrer Einreihung in die KN) anzuwendenden Listenregeln, abrufbar unter: https://ec.europa.eu/taxation_customs/business/calculation-customs-duties/rules-origin/nonpreferential-origin/table-list-rules-applicable-products-following-classification-cn_de (Zugriff: 30.03.2020)

IHK Stuttgart, Ursprungskennzeichnung (CoOL) in 108 Drittländern, 2016, abrufbar unter: https://www.stuttgart.ihk24.de/blueprint/servlet/resource/blob/3463212/57427649a2c7b78f788b7bd34b9a254d/ihk-studie-ursprungskennzeichnung-2016-data.pdf (Zugriff: 30.03.2020)

Ludwig, Thomas, EU drückt bei Label-Pflicht auf die Bremse, Handelsblatt 29.05.2015, abrufbar unter: https://www.handelsblatt.com/politik/international/made-in-eu-drueckt-bei-label-pflicht-auf-die-bremse/11843702.html?ticket=ST-17223346-xi0LARCq5mr9wYcbaeer-ap4 (Zugriff: 30.03.2020)

Statista, Wie nehmen Sie Produkte wahr, auf denen steht ‚Made in . . .‘?, abrufbar unter: https://de.statista.com/statistik/daten/studie/676530/umfrage/made-in-country-index-gesamtranking-2017/ (Zugriff: 30.03.2020)

Dies., Welche Eigenschaften verbinden Sie mit Produkten aus Deutschland?, abrufbar unter: https://de.statista.com/statistik/daten/studie/676724/umfrage/umfrage-zu-wahrgenommenen-eigenschaften-von-produkten-aus-deutschland/ (Zugriff: 30.03.2020)

Dies., Welche Eigenschaften verbinden Sie mit Produkten aus China?, abrufbar unter: https://de.statista.com/statistik/daten/studie/679283/umfrage/umfrage-zu-wahrgenommenen-eigenschaften-von-produkten-aus-china/ (Zugriff: 30.03.2020)

Dies., Wahrnehmung von Produkten aus China in ausgewählten Ländern im Jahr 2017, abrufbar unter: https://de.statista.com/statistik/daten/studie/678430/umfrage/umfrage-zur-wahrnehmung-von-produkten-aus-china-in-ausgewaehlten-laendern/ (Zugriff: 30.03.2020)

Dies., Wahrnehmung von Produkten aus ausgewählten Ländern in Deutschland im Jahr 2017, abrufbar unter: https://de.statista.com/statistik/daten/studie/676678/umfrage/umfrage-zur-wahrnehmung-von-auslaendischen-produkten-in-deutschland/ (Zugriff: 30.03.2020)

Wübbeke, Jost, Made in China 2025: Die Kampfansage an Deutschland, abrufbar unter: https://www.zeit.de/wirtschaft/2015-05/china-industrie-technologie-innovation (Zugriff: 30.03.2020)

www.ingramcontent.com/pod-product-compliance
Ingram Content Group UK Ltd.
Pitfield, Milton Keynes, MK11 3LW, UK
UKHW021940290926
8980IPUK00016B/1729

9 783631 836255